Georg Schädle

Jesus begegnen

Ein Lehrgang für die 1. und 2. Klasse in der Grundschule

mit Illustrationen von Mirjam Schädle

Kopiervorlagen

Gedruckt auf umweltbewusst gefertigtem, chlorfrei gebleichtem
und alterungsbeständigem Papier.

1. Auflage 2009
Nach den seit 2006 amtlich gültigen Regelungen der Rechtschreibung
© by Brigg Pädagogik Verlag GmbH, Augsburg
Alle Rechte vorbehalten.
Das Werk und seine Teile sind urheberrechtlich geschützt. Jede Nutzung in anderen als den
gesetzlich zugelassenen Fällen bedarf der vorherigen schriftlichen Einwilligung des Verlages.
Hinweis zu § 52 a UrhG: Weder das Werk noch seine Teile dürfen ohne eine solche Einwilligung
eingescannt und in ein Netzwerk eingestellt werden. Dies gilt auch für Intranets von Schulen und
sonstigen Bildungseinrichtungen.

ISBN 978-3-87101-425-3   www.brigg-paedagogik.de

Inhalt

Vorwort	4
Übersicht über die Themen der Unterrichtsstunden	8
Verlaufsmodell der Unterrichtsstunden	9
Kopiervorlagen: Liedverse und Überschriften	11
Übersicht über die Wiederholungsfragen im Jesus-Lehrgang	14
Erstellung der Erzähltexte	18
Umgang mit den Bildern	18
Erläuterungen zur Darlegung der einzelnen Unterrichtseinheiten	19
Die einzelnen Unterrichtsstunden	20
Die Bilder	61
Sonstige Materialien (Arbeitsblätter, Plakatentwurf, Test, Musterseiten)	132
Jesus-Lied (alle Strophen)	142
Literaturverzeichnis	143

Vorwort

Kinder der ersten Klasse sind besonders wissbegierig, beteiligen sich freudig und ganzheitlich am Unterrichtsgeschehen und können erstaunliche Lernzuwächse erzielen. Sie absolvieren im ersten Schuljahr einen Lese- und einen Schreiblehrgang; zudem bauen sie systematisch den Zahlenraum auf. Warum sollten die „lehrgangsgewohnten" Erstklässler nicht auch einen „Jesus-Lehrgang" absolvieren, der ihnen sukzessiv das Wesentliche zur Zentralperson ihres Glaubens - verwoben mit ihrer Lebenserfahrung und ihrem Lebensumfeld - vermittelt?

Was ist für Schülerinnen und Schüler positiv an diesem Lehrgang?

Dieser Lehrgang ...
- bereitet den Kindern der ersten Jahrgangsstufe große Freude;
- bietet langjährig erprobtes Material;
- gibt einen altersgemäßen Zugang zum Themenfeld;
- verwendet wenige, einfache und optisch ansprechende Materialien;
- bietet spannende, einfühlsame Erzählungen;
- bindet aktiv in das Unterrichtsgeschehen ein;
- plant vielseitige Aktivitäten ein (Singen, Hören, Sehen, Erzählen, Handeln, Spielen, Reflektieren, Malen, Schreiben);
- gestattet systematischen Wissensaufbau durch ständige attraktive Wiederholung;
- ermöglicht emotionale Verbundenheit mit dem Thema durch ein sich erweiterndes Lied;
- bereichert über den Unterricht hinaus in das Lebensumfeld hinein;
- bietet einen klaren unterrichtlichen Rahmen, der Verhaltenssicherheit gibt.

Was ist für Lehrerinnen und Lehrer positiv an diesem Lehrgang?

Dieser Lehrgang ...
- greift die Lernbegier der Kinder am Beginn der Schulzeit positiv auf und motiviert sie;
- gewährleistet einen relativ geordneten Unterrichtsablauf;
- ermöglicht durch seine methodische Klarheit weitgehend stressfreies Unterrichten;
- gestattet durch seine klare Struktur insbesondere Fachlehrern/innen, die ständig das Klassenzimmer wechseln müssen, ein gutes Arbeiten;
- ist leicht handhabbar;
- bietet zwar vierundvierzig Unterrichtsstunden, aber im Wesentlichen nur einen Modellverlauf an;
- deckt die gesamte Religionsunterrichtszeit von Weihnachten bis Pfingsten ab;
- baut systematisch religiöses Grundwissen mit einem klaren religiösen Grundwortschatz auf, auf das in späteren Klassen vorzüglich zurückgegriffen werden kann;
- beschert hohe Zufriedenheit über die Lernergebnisse;
- ist verblüffend unkompliziert und dadurch hoch wirksam.

Wer schreibt diesen Lehrgang?

Ein Religionslehrer ...
- mit 25-jähriger Unterrichtserfahrung;
- mit Erfahrung in Grund-, Haupt- und Förderschule;
- mit Erfahrungen in der Aus- und Weiterbildung von Religionslehrern und -lehrerinnen;
- mit Erfahrungen in der Schulbucherstellung und dem Entwerfen von Unterrichtsmaterialien, die sich auf religiöses Grundwissen beziehen;

- der sich in seinen Studien mit Religionspädagogik, Schulpädagogik und Psychologie befasst hat;
- der in seiner Magisterarbeit der Problematik der Vereinfachung von Texten nachgegangen ist (didaktische Reduktion und methodische Transformation);
- der in seiner Dissertation untersucht hat, welche Bilder aus der Kunst Kinder mögen und wie sie diese verstehen;
- der diesen Jesus-Lehrgang sorgsam kreiert und in jahrelanger Praxis erprobt und verfeinert hat;
- der die Erfahrung machen konnte, dass dieser Jesus-Lehrgang eine sichere und äußerst wertvolle Basis für die gesamte religiöse Bildung und Erziehung in der Grundschule darstellt, der Schülerinnen und Schülern viel Freude bereitet und den Unterrichtenden widerspiegelt, dass erfolgreiches Arbeiten möglich ist;
- der seine klaren bildlichen Vorstellungen durch eine enge Zusammenarbeit mit seiner kunstinteressierten und im Illustrieren von Unterrichtsmaterialien erfahrenen Tochter außergewöhnlich gut verwirklichen konnte.

Wie wird didaktisch gearbeitet?

- Der Religionsunterricht ist zu schade für eine „Laberstunde", in der nur unverbindlich zerredet wird, auch zu schade für Stunden mit Event-Charakter, in denen ständig das Gestrige Überbietendes oder ausschließlich nie dagewesenes Neues inszeniert wird. Der Religionsunterricht wird hier als ein Fach gesehen, in dem in systematischem und wohlstrukturiertem Vorgehen, in für Kinder attraktiver Weise, lehrgangartig religiöses Wissen aufgebaut wird. Ein Wissen, das den Schüler/innen Verstehens- und Lebenshilfe bieten kann und zum persönlichen Glauben einlädt! Das Wissen wird dabei nicht äußerlich aufoktroyiert, sondern im Lebensumfeld und der Lebenserfahrung der Kinder beheimatet. Das neue Wissen soll nicht auswendig gelernt, sondern inwendig bedeutsam werden können.
- Die neuere Lernforschung weist darauf hin, dass in der Schule oftmals „träges Wissen", d.h. kurzfristig abfragbares, aber nicht „intelligentes Wissen", d.h. vernetztes, anschlussfähiges und daher nachhaltiges und lebensrelevantes Wissen aufgebaut wird. Der Gefahr, bedeutungsloses Schulwissen aufzubauen, soll entgegengewirkt werden.
- Dieser Lehrgang nimmt die Erkenntnis der Schulpädagogik ernst, dass beim verbalen Umgang mit einer Sache die Kenntnis und das Verständnis der entsprechenden Fachbegriffe eine entscheidende Bedeutung haben. Der systematische Aufbau von Fachbegriffen hat deshalb einen wichtigen Anteil am Erfolg des Konzepts. Die Begriffe werden benannt, erklärt, eingeübt, geschrieben (Überschriften), angewendet (Nacherzählung), gesungen und ständig spielerisch wiederholt.
- Neben überwiegend kognitiven Elementen kommen die emotionalen nicht zu kurz. Bei jeder Unterrichtseinheit wird ein neuer Liedvers gesungen, sodass sich im Laufe der Zeit ein Lied mit bis zu 35 Strophen aufbaut. Dieses kann in späteren Schuljahren hervorragend verwendet werden, um auf attraktive Weise in kürzester Zeit die Inhalte des Jesuskurses in Erinnerung zu rufen und weiter zu festigen.
- Was die Zuordnung zu Lehrplänen betrifft, so greift der Lehrgang auf, was an neutestamentlichen Texten für die erste Jahrgangsstufe vorgesehen ist (z.B. Grundlagenplan), geht jedoch weit darüber hinaus. Da durch die Konzeption eine inhaltliche Grundlegung verfolgt wird, werden keine späteren Inhalte vorweggenommen, sondern eine Basis bereitet, auf die in späteren Jahrgängen sinnvoll aufgebaut werden kann.
- Bei der Auswahl und Reihung der biblischen Texte standen didaktische Fragen im Vordergrund. Welche Texte verstehen Kinder dieser Altersstufe und in welcher Reihenfolge werden sie am besten aufgebaut, dass sich ein stimmiges Gesamtbild entwickeln kann?
- Der Lehrgang wird in den Ablauf des Kirchenjahres eingebunden. Er beginnt nach den Weihnachtsferien (die beiden ersten Stunden können auch vor den Ferien gehalten werden) und endet zu den Pfingstferien, wobei die Ereignisse um Tod und Auferstehung Jesu in der Osterzeit unterrichtet werden.

- Didaktisch gesehen spielt das Prinzip der „Strukturkontingenz" eine tragende Rolle. Bewusst wird der jeweils neue Unterrichtsinhalt in einen relativ genau festgelegten, äußerlich immer gleichen Unterrichtsaufbau eingebracht, damit die Lehrpersonen und Kinder in einem sicheren Rahmen, ohne ständigen Zeitverlust durch äußere Veränderungen, intensiv inhaltlich arbeiten können. Diese Ritualisierung des formalen Unterrichtsablaufes ist ein entscheidendes Positivum dieses Konzeptes. Sie beugt Störungen vor, gibt Lehrkraft und Kindern Sicherheit, schafft Freiraum für intensives inhaltliches Arbeiten und erhöht den Anteil der tatsächlichen Lernzeit in der jeweiligen Unterrichtseinheit entscheidend.
- Durch Singen der Liedverse und Beantworten immer gleicher Fragen wird der bisher gelernte Stoff ständig wiederholt. Somit wird sukzessive systematisch neues Wissen gefestigt.
- Dieser Lehrgang bleibt nicht bei oberflächlichem Geschichtenerzählen stehen, sondern hebt durch gezielte Fragen auf tiefer liegende Ebenen ab und hat Glaubensvermittlung und Lebenshilfe gleichermaßen im Blick.
- Vorgehensweise: Nach dem Erzählen der biblischen Geschichte mit Hilfe von Bildkarten sollen die Schüler/innen den Text nacherzählen. Anschließend wird der Inhalt durch vier bis fünf Verständnisfragen tiefer geklärt und in die Lebenserfahrung und das Lebensumfeld der Schüler/innen eingebunden. So weit es möglich ist, beziehen sich die Fragen auf folgende Felder (Beispiel: die Heilung eines Aussätzigen):
  - eigene Erfahrung (Hattest du schon einmal eine ansteckende Krankheit?)
  - Inhalt des biblischen Textes (Wie ging es damals Aussätzigen?)
  - Gehalt des biblischen Textes (Warum sagt der Aussätzige: Herr, wenn …?)
  - Anwendung auf die Gegenwart (Wer wird heute ausgeschlossen? Was kann man tun?)
- Da vielfach schon im Kindergarten mit Puppen biblisch gearbeitet wurde, ist in diesem Konzept visuell gesehen die zweidimensionale Variante gewählt. Sie bedeutet für die Kinder eine höhere Stufe der Abstrahierung, die in der ersten Klasse durchaus altersgemäß ist. Zudem weist sie eine größere Nähe zur bildlichen Darstellung im Heft auf. Beides wirkt sich positiv auf den Lernerfolg aus.
- Die Sicherung jeder Geschichte im Heft schafft eine ästhetische Darlegung, zu der viele Kinder eine große emotionale Bindung aufbauen.
- Es wird nicht übersehen, dass viele Geschichten von den Erstklässlern nicht im Vollsinn verstanden werden können. Dennoch ist es hilfreich, ein vorläufiges Verständnis aufzubauen, damit die Basis für eine Weiterarbeit gebildet wird.
- Der Lehrgang geht weg von einer punktuellen Bearbeitung bestimmter biblischer Aspekte, weil die Vermittlung biblischer Einzelgeschichten in der Gefahr steht, ein fragmentarisches Jesusbild aufzubauen. In diesem Lehrgang wird auf der breiten Grundlage sorgsam ausgewählter, vielfältiger biblischer Texte ein in sich stimmiges Gesamtbild angestrebt. Dadurch soll eine Gesamtgestalt der Zentralfigur unseres christlichen Glaubens entstehen, die einsichtig und tragfähig ist.

Welches Jesusbild soll vermittelt werden?

Es soll ein Jesusbild vermittelt werden, das frei ist von billigen Vereinfachungen, naiven Verharmlosungen, eigenwilligen Funktionalisierungen und problematischen Einseitigkeiten. Autobiographische Literaturbeispiele und empirische Untersuchungen zeigen, dass Kinder zu Beginn der Grundschulzeit ein Jesusbild haben können, das Jesus sehr einseitig zeigt:
- nur als ein liebliches Kind in der Krippe;
- als einen Hyperzauberer;
- als moralische Überinstanz;
- als immer aufopferungsvoll helfend und die schönen Seiten des Lebens meidend;
- nur als einen unschuldig am Kreuz Leidenden;
- als gehorsam Untergeordneten gegenüber einem Vater, der ihn in den Tod schickt.

Diese Zerrbilder können durch das Erleben von Brauchtumsfragmenten, gut gemeinte, aber überfordernde Erklärungsversuche Erwachsener oder zufällige, sentimentale bis unverständliche Bilder und Filme entstanden sein. Kinder, die mit diesen Vorstellungen aufwachsen, stehen in der Gefahr, dass sie eines Tages - zusammen mit dem falschen Jesus-Bild - Jesus selbst (oder sogar Gott) und den Glauben an ihn für immer ablegen.

Auf dem Weg zu einer gelingenden religiösen Erziehung soll ein Jesusbild angeboten werden, das …
- auf der Aussageabsicht der Texte des Neuen Testamentes aufbaut;
- verlässlich ist;
- die Kinder in ihrer Entwicklungsphase achtet;
- das Lebensumfeld (Familie, Schule, Brauchtum, Kirche...) der Kinder ernst nimmt;
- in das Glaubensleben der Christen integriert ist;
- an das Brauchtum des Kirchenjahres angebunden ist;
- eine emotionale und identifikatorische Annäherung ermöglicht;
- billige Vereinfachungen, Harmonisierung, Einseitigkeiten und Verharmlosung meidet;
- auch in Krisenzeiten tragfähig ist;
- offen bleibt und dadurch in späteren Entwicklungsphasen ausbaubar ist.

Im Kern geht es um ein Jesuskonzept, das durch den zentralen Aspekt „Freundschaft" bestimmt ist. Es geht um eine Freundschaft, …
- die Jesus in einzigartiger Weise mit seinem himmlischen Vater gepflegt hat;
- die seine große Nähe zu seinem Vater zeigt, dessen Hilfe und Mitgehen niemals außer Frage steht;
- die von innigem Gespräch (Gebet) genährt ist;
- aus der er seine Lebenskraft bezieht und seinen Auftrag erkennt;
- die Jesus den Menschen seiner Zeit angeboten hat;
- die Jesus mit seinen Jüngern und Jüngerinnen, die ihn begleiten, gepflegt hat;
- die besonders Kranke, Arme, Ausgeschlossene und Benachteiligte umspannt;
- die Jesus auch zu Kindern haben wollte;
- die Kinder auch zu Jesus aufbauen können;
- die sie im Laufe ihrer Entwicklung weiterbauen können;
- zu deren Aufbau sie aus ihrem Lebensbereich eine reiche Erfahrung mitbringen;
- zu der sich Anknüpfungspunkte zu grundlegenden Beziehungskonstellationen in ihrem Nahbereich finden;
- die bei Kindern und Erwachsenen gleichermaßen hohe Wertschätzung genießt.

Mögen die Schülerinnen und Schüler durch diesen Lehrgang in attraktiver Weise **„Jesus begegnen"** und möge dadurch eine lebenslange Freundschaft grundgelegt werden, die zu einem gelingenden Leben beiträgt.

Georg Schädle

Übersicht über die Themen der Unterrichtsstunden

1. Die Verheißung der Geburt und die Geburt Jesu (kurz vor oder nach Weihnachten)
2. Der Besuch der Hirten
3. Die Huldigung der Sterndeuter
4. Der zwölfjährige Jesus im Tempel*
5. Die Taufe Jesu
6. Die Versuchung Jesu in der Wüste
7. Jesus beginnt zu predigen
8. Die Ablehnung Jesu in seiner Heimat*
9. Berufung der Jünger
10. Die Hochzeit zu Kana*
11. Die Heilung des blinden Bartimäus
12. Die Heilung eines Taubstummen*
13. Die Heilung der Besessenen von Gadara*
14. Die Heilung eines Aussätzigen
15. Jesus und die Sünderin
16. Die Heilung eines Gelähmten*
17. Jesus im Haus des Zöllners Zachäus
18. Das Gleichnis vom verlorenen Schaf*
19. Die Auferweckung der Tochter des Jairus*
20. Jesus stillt den Sturm auf dem See*
21. Jesus segnet die Kinder
22. Die Speisung der Fünftausend*
23. Die Heilung des Mannes mit der verdorrten Hand
24. Der Einzug in Jerusalem (rechtzeitig vor Ostern beginnen)
25. Die Tempelreinigung
26. Das Letzte Abendmahl
27. Die Leidensgeschichte
28. Die Frauen am leeren Grab
29. *Die Fest- und Gedenktage der Karwoche* (noch vor Ostern)
30. *Die Bedeutung der Osterkerze**
31. Die Begegnung mit dem Auferstandenen auf dem Weg nach Emmaus (nach Ostern)
32. Der Missionsauftrag und Jesu Himmelfahrt
33. Das Pfingstereignis
34. Die Apostel verbreiten die Frohe Botschaft
35. *Heute wirken viele an der Verbreitung der Frohen Botschaft mit*
36. *Was man von der Jesusgeschichte in unserer Kirche sehen kann*
37. *Kinderbibeln vorstellen*
38. *Große Fest- und Gedenktage im Kirchenjahr*
39. *Plakat zur Jesusgeschichte**
40. *Landkarte vom Heiligen Land**
41. *Realien aus der Zeit Jesu**
42. *Bestätigung des Gelernten mit Urkunde**
43. *Etwas Jesus zuliebe tun*
44. *Jesus mitnehmen und betend in Verbindung bleiben*

( ) Die Hinweise in Klammern beziehen sich auf die Einordnung ins Kirchenjahr.
* Stunden, auf die verzichtet werden kann, wenn zeitliche Gründe dagegen sprechen (z. B. früher Ostertermin)
Die kursiv gedruckten Unterrichtsstunden sind ohne biblische Erzählung.

Verlaufsmodell der Unterrichtsstunden

Die Ablaufstruktur ist bei den Unterrichtsstunden, in denen ein biblischer Text im Mittelpunkt steht, im Wesentlichen immer gleich. Die im Verlaufsmodell angebotenen Vorschläge sind teilweise sehr detailliert. Sie wollen nicht einengen, sondern sollen helfen, dass auch in schwirigen Klassen ein geordnetes Arbeiten möglich wird. Lehrkräfte in der Ausbildung oder in den ersten Berufsjahren finden hier ausführlich erprobte Vorgaben, die für den Unterrichtserfolg wichtig sind. Versierte Lehrerinnen und Lehrer bedürfen dessen nicht und werden sicher mit dem vorliegenden Material nach ihren eigenen Ideen und Erfahrungen in einer Weise vorgehen, dass ihre Schüler/innen intensiv und attraktiv lernen können.

1. Vorbereiten

Die Hefte (DIN-A5) der Schülerinnen und Schüler befinden sich bei der Lehrkraft. Während die Lehrerin/ der Lehrer die Namen auf den Heften vorliest und damit die Kinder einzeln begrüßt (und zugleich die Anwesenheit kontrolliert), bringen zwei Kinder die Hefte zu ihren Mitschülern. Aus Gründen der Gerechtigkeit werden mithilfe der Klassenliste stets zwei andere Kinder ausgewählt. Mit der Zeit wird der klar geregelte Ablauf zum Ritual, das die Religionsstunde einleitet. Es hilft den Schüler/innen, sich auf das andere Fach und oftmals die andere Lehrperson einzustellen und schafft durch seine gerechte Ordnung präventiv Ruhe.

2. Beten

Wenn der Arbeitsplatz der Kinder aufgeräumt ist, stehen die Kinder zum Gebet auf.
Dieser Anfangsritus sammelt die Kinder und schafft äußerlich und innerlich einen guten Übergang zum neuen Fach.
Kreuzzeichen
„Lieber Gott, du bist mein, ich bin dein,
darum darf ich immer fröhlich sein. Amen!"
Kreuzzeichen

3. Wiederholen

Die Lehrkraft sitzt in der Mitte des Klassenzimmers (das strahlt Ruhe aus) und singt mit den Kindern der Reihe nach alle schon bekannten Strophen des Jesusliedes (Schülerheft als Hilfe). Nach jedem Liedvers werden zwei Fragen zu der betreffenden Geschichte (siehe Wiederholungsfragen) gestellt, die immer gleich bleiben. Die Schüler/innen blättern im Heft mit und lesen die Strophen, bis sie diese auswendig können.
In der ersten Stunde singt die Lehrkraft die Melodie vor (mi, mi, la, la...) und übt sie ein. Wenn die Schüler/innen das Lied sicher können, braucht sie nur beim ersten Teil mitzusingen. Nur wenn man sich ganz sicher ist, alles im Griff zu haben, können zu den Liedstrophen Bewegungen gemacht werden. Da das Lied im Laufe der Zeit sehr lang wird, können die ersten Strophen des Liedes wegfallen (z.B. nach den Osterferien, Beginn mit dem Einzug in Jerusalem).

4. Begegnung mit dem Neuen im Stuhlkreis

Die Kinder kommen in den Stuhlkreis. Bei schwierigen Klassen werden sie einzeln oder gruppenweise in den Kreis gerufen. Die beiden Kinder, die die Hefte ausgeteilt haben, dürfen neben der Lehrkraft sitzen. Das Grundbild wird vor der Erzählung aufgebaut. Die neuen Begriffe, z.B. Bartimäus, Jericho, ... werden vorab in Silben zerlegt, erst langsam, dann immer schneller gemeinsam gesprochen, um sie einzuprägen.

- Nun erzählt die Lehrerin/der Lehrer mit Hilfe der Legebilder die entsprechende Jesusgeschichte. Die Bildkarten werden dabei gemäß der Handlung auf dem Boden hin und her geschoben. In der Regel entwickelt sich die Handlung von links nach rechts.
  Zum Abschluss der Geschichte wird die neue Liedstrophe gesungen.
- Nach spontanen Fragen oder Beiträgen der Kinder, die sehr kurz gehalten werden sollen, darf das Kind zur Linken der Lehrkraft die Geschichte mit den Legebildern nacherzählen oder jemanden dazu aufrufen (als Erzähler oder um zu helfen). Am Ende der Nacherzählung klatschen alle und wiederholen den Liedvers.
- Anschließend darf auch das Kind zur Rechten der Lehrkraft nacherzählen bzw. ein anderes Kind zum Erzählen oder als Helfer dazu aufrufen. Zum Abschluss klatschen wieder alle und singen nochmals den Liedvers.
- Nun stellt die Lehrkraft einige Fragen zur Einbindung des Inhalts in die Welt der Kinder, zur Erschließung des Textes oder zum Transfer, die vorgegebenen Erschließungsfragen sind als Angebot und Hilfe zu sehen. Die Kinder bringen ihr Wissen, ihre Erfahrungen und ihre Fragen ein.
- Danach bringen die Kinder die Bildkarten zur Lehrkraft zurück und nennen den Namen des jeweiligen Bildelementes.
- Zum Abschluss wird der Liedvers noch einmal im Kreis gesungen, dann gehen die Kinder auf ihre Plätze zurück.

Versierte Lehrkräfte können die Geschichte auch im Kreis spielen. Am sichersten ist der Ablauf der Erzählung gewährleistet, wenn die Lehrkraft die Rolle des Erzählers übernimmt und die Kinder nur die wörtlichen Reden mit ihren eigenen Worten einbringen. Die Kinder können dabei die jeweiligen Bildkärtchen der Person, die sie spielen, in die Hand nehmen.

5. Sicherung

Als Vorlage für den Hefteintrag lässt die Lehrkraft die Bildkarten am Boden liegen oder heftet sie (Magnet oder Klebestreifen) an die Tafel. Sie kann auch das jeweilige Bild an die Tafel malen.
Die Kinder können das Tafelbild als Bildvorlage nehmen und es in gleicher Weise oder vereinfacht bzw. mit anderen Schwerpunkten abmalen oder andere Bildlösungen kreieren und in ihrem Heft gestalten. Wichtig ist, dass bei den Bildern auf Ästhetik Wert gelegt wird. Der Hinweis darauf, dass es von diesen Geschehnissen keine Fotos gibt und deshalb jeder seine Vorstellung malen darf, hilft den Kindern, individuell und frei zu gestalten. Die Kinder sollen Holzfarben (keine Filzstifte) verwenden und oben oder unten auf der Heftseite Platz für den Liedtext freilassen.
Die Lehrkraft bringt jedem Kind einen Liedtextzettel zum Einkleben und verstärkt positiv, was am Hefteintrag schön ist und ermuntert zur Verschönerung, wenn noch etwas verbessert werden kann.
Nach einiger Zeit, wenn die Schüler/innen schon geübter im Malen sind, können auch die Buchstaben des Liedtextes farbig nachgezogen werden. Nach Ostern können die Kinder den Liedvers selbst von der Tafel abschreiben.
Sternchen und Bildchen oder ähnliche Belohnungszeichen helfen beim Bemühen um schöne Einträge. Um Vorbilder für die Hefteinträge der Kinder zu bieten, sind zu vier Themen (Weihnachten, Berufung, Zachäus, Jesu Tod) Arbeitsblätter als Mustereinträge gestaltet (siehe M14, M15, M16, M17).

6. Abschluss

Als Abrundung und Schlusszeichen wird der neue Liedvers ein letztes Mal gesungen.
Die Kinder, die mit dem Eintrag fertig sind, geben ihre Hefte wieder der Lehrkraft, die anderen stellen die Einträge zu Hause fertig.
Jedes zweite Wochenende sollte das Heft von allen Kindern mit nach Hause genommen werden, um die Eltern in das Unterrichtsgeschehen einzubeziehen.

Kopiervorlagen: Liedverse und Überschriften

Diese Kopiervorlagen werden als Überschriften für das dazu zu malende Bild in der jeweiligen Unterrichtsstunde ins Heft geklebt. Sie sind in der im bayerischen Lehrplan vorgeschriebenen Schriftart geschrieben und sollen von den Kindern mit Filz- oder Holzstiften nachgefahren werden, um die Texte auch zu schreiben und zu lesen. Dadurch erbringt der Religionsunterricht auch einen Beitrag zur Schreib- und Leseerziehung.

Die Überschriften sind zugleich die Liedverse. Sie werden auf die Melodie „Hört, wen Jesus glücklich preist" (Spiritual „Michael, row the boat ashore") gesungen.

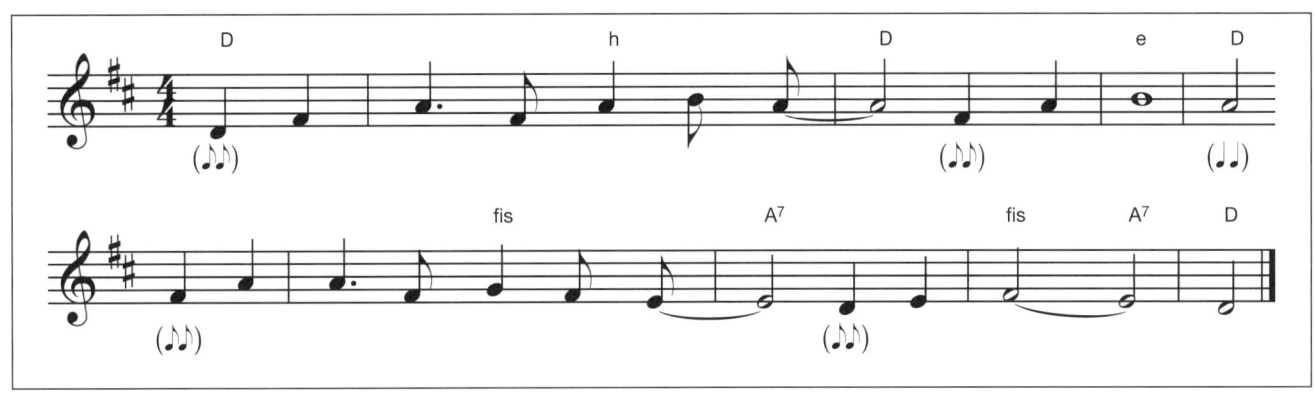

- Arm und klein kommt er zur Welt im Stall von Betlehem.
- Die Hirten sehen das Christ-Kind in der Krippe.
- Die Weisen kommen von weit her mit Geschenken.
- Mit zwölf Jahren ist er dann bei Gott im Tempel.
- Jesus kommt zum Jordan hin. Johannes tauft ihn.
- Vierzig Tage fastet er in der Wüste.
- Jesus geht von Ort zu Ort und erzählt von Gott.

- Geh und sündige nicht mehr, so will es Jesus.
- Jesus heilt den lahmen Mann, er kann nun gehen.
- Bei einem Zöllner kehrt er ein, und er isst mit ihm.
- Der Hirte trägt das Schäflein heim, das verloren war.
- Jesus weckt ein Mädchen auf, das schon tot war.
- Wind und Wellen toben sehr. Er beruhigt sie.
- Lasst die Kinder zu mir her, ich will sie segnen.

- Die Menschen seiner Heimatstadt lehnen Jesus ab.
- Folgt mir nach, ruft Jesus laut. Zwölf Jünger folgen ihm.
- Aus dem Wasser wurde Wein, bei der Hochzeit.
- Bartimäus – der ist blind. Jesus heilt ihn.
- Er war taub und er war stumm. Jesus erlöst ihn.
- Gottes Sohn befreite sie von einer bösen Kraft.
- Aussatz hat der arme Mann, Jesus heilt ihn.

Georg Schädle: Jesus begegnen
© Brigg Pädagogik Verlag GmbH, Augsburg

- Jesus geht nach Emmaus mit, und er bricht das Brot.
- Zu seinem Vater kehrt er heim in den Himmel.
- Seine Kraft, den Heiligen Geist, schickt er den Jüngern.
- Die Apostel gehen von Ort zu Ort und erzähl'n von Gott.
- Viele gehen von Ort zu Ort und erzähl'n von Gott.
- Einem Freund zuliebe tut man gerne Gutes.
- Etwas Gutes tut man gern für seine Freunde.

- Hungrig sitzen viele da. Jesus speist sie.
- Jesus heilt die lahme Hand an einem Sabbat.
- Mit dem Esel zieht er ein in Jerusalem.
- Viele Händler treibt er fort, aus dem Tempel.
- Mit den Jüngern feiert er das Letzte Abendmahl.
- Jesus trägt das schwere Kreuz und muss sterben.
- Jesus lebt, Halleluja, Halleluja.

Übersicht über die Wiederholungsfragen im Jesus-Lehrgang

Mittels der nachfolgenden *Fragen* wird in der Anfangsphase der Unterrichtsstunde Wichtiges aus den Vorstunden wiederholt, um Grundwissen aufzubauen. Sie beziehen sich auf kindgemäße, klar abgrenzbare Inhalte oder Begriffe, damit in der Motivationsphase nicht lange Gespräche beginnen, die der Erarbeitungsphase wertvolle Zeit nehmen und die Erfassung des neuen Inhalts erschweren. Vor den Fragen wird jeweils die entsprechende Liedstrophe gesungen.

		Erwartete Antwort, evtl. schon in ganzen Sätzen:
Thema	**1. Die Verheißung der Geburt und die Geburt Jesu**	
Liedvers	Arm und klein kommt er zur Welt im Stall von Betlehem.	
Frage 1	Wer kommt zur Welt?	… Jesus
Frage 2	Wann erinnern wir uns an seine Geburt?	… Weihnachten, Heiliger Abend
Thema	**2. Der Besuch der Hirten**	
Liedvers	Die Hirten sehen das Christus-Kind in der Krippe.	
Frage 1	Wen sehen die Hirten noch im Stall?	… Maria und Josef
Frage 2	Wer hat den Hirten die frohe Nachricht gebracht?	… die Engel
Thema	**3. Die Huldigung der Sterndeuter**	
Liedvers	Die Weisen kommen von weit her mit den Geschenken.	
Frage 1	Welche Geschenke bringen sie dem Kind?	… Gold, Weihrauch und Myrrhe
Frage 2	Wer hat ihnen den Weg gezeigt?	… der Stern
Thema	**4. Der zwölfjährige Jesus im Tempel**	
Liedvers	Mit zwölf Jahren ist er dann bei Gott im Tempel.	
Frage 1	Wo steht der Tempel?	… Jerusalem
Frage 2	Warum bleibt Jesus im Tempel?	… er will bei seinem Vater sein
Thema	**5. Die Taufe Jesu**	
Liedvers	Jesus kommt zum Jordan hin. Johannes tauft ihn.	
Frage 1	Wie wird Johannes genannt?	… Johannes der Täufer
Frage 2	Was geschieht am Himmel?	… eine Taube, der Hl. Geist kommt
Thema	**6. Die Versuchung Jesu in der Wüste**	
Liedvers	Vierzig Tage fastet er in der Wüste.	
Frage 1	Wer kommt zu Jesus?	… der Teufel, der Satan
Frage 2	Was sagt Jesus dreimal zu ihm?	… nein
Thema	**7. Jesus beginnt zu predigen**	
Liedvers	Jesus geht von Ort zu Ort und erzählt von Gott.	
Frage 1	Was erzählt er von Gott?	… Gott ist gut
Frage 2	Was sollen die Menschen tun?	… umkehren, Gott vertrauen, gut sein
Thema	**8. Die Ablehnung Jesu in seiner Heimat**	
Liedvers	Die Menschen seiner Heimatstadt lehnen Jesus ab.	
Frage 1	Wie heißt seine Heimatstadt?	… Nazaret
Frage 2	Wie wird das Gebetshaus genannt?	… Synagoge
Thema	**9. Berufung der Jünger**	
Liedvers	Folgt mir nach, ruft Jesus laut. Zwölf Jünger folgen ihm.	
Frage 1	Wie heißen die ersten Jünger?	… Simon Petrus, Andreas
Frage 2	Welchen Beruf hatten die ersten Jünger?	… Fischer
Thema	**10. Die Hochzeit zu Kana**	
Liedvers	Aus dem Wasser wurde Wein, bei der Hochzeit.	
Frage 1	In welchem Dorf war die Hochzeit?	… Kana
Frage 2	Mit wem ging Jesus zur Hochzeit?	… Maria

		Erwartete Antwort, evtl. schon in ganzen Sätzen:
Thema	**11. Die Heilung des blinden Bartmäus**	
Liedvers	Bartimäus – der ist blind. Jesus heilt ihn.	
Frage 1	Was können Blinde nicht?	… sehen
Frage 2	Was macht Bartimäus, als er wieder sehen kann?	… er geht mit Jesus mit

Thema	**12. Die Heilung des Taubstummen**	
Liedvers	Er war taub und er war stumm. Jesus erlöst ihn.	
Frage 1	Was kann ein Stummer nicht?	… reden
Frage 2	Was kann ein Tauber nicht?	… hören

Thema	**13. Die Heilung der Besessenen von Gadara**	
Liedvers	Gottes Sohn befreite sie von einer bösen Kraft.	
Frage 1	Welche Kraft war stärker, die gute oder die böse?	… die gute Kraft von Jesus
Frage 2	Wohin fuhr der böse Geist?	… in die Schweine

Thema	**14. Die Heilung eines Aussätzigen**	
Liedvers	Aussatz hat der arme Mann, Jesus heilt ihn.	
Frage 1	Wo musste der Aussätzige wohnen?	… außerhalb des Dorfes in der Höhle
Frage 2	Wo darf der Geheilte wieder wohnen?	… zu Hause bei seiner Familie

Thema	**15. Jesus und die Sünderin**	
Liedvers	Geh und sündige nicht mehr, so will es Jesus.	
Frage 1	Was wollen die Pharisäer und Schriftgelehrten mit der Sünderin machen?	… mit Steinen bewerfen
Frage 2	Was macht Jesus?	… er sagt: Geh, sündige nicht mehr

Thema	**16. Die Heilung eines Gelähmten**	
Liedvers	Jesus heilt den lahmen Mann, er kann nun gehen.	
Frage 1	Wie kommt der Lahme in das Haus?	… durch ein Loch im Dach
Frage 2	Was beweist Jesus den Schriftgelehrten durch die Heilung?	… dass er Sünden vergeben kann

Thema	**17. Jesus im Haus des Zöllners Zachäus**	
Liedvers	Bei einem Zöllner kehrt er ein, und er isst mit ihm.	
Frage 1	Wie gehen die Leute mit dem Zöllner Zachäus um?	… sie stoßen ihn aus
Frage 2	Wie geht Jesus mit ihm um?	… er kommt zum Essen

Thema	**18. Das Gleichnis vom verlorenen Schaf**	
Liedvers	Der Hirte trägt das Schäflein heim, das verloren war.	
Frage 1	Wer ist wie der gute Hirte?	… Jesus
Frage 2	Wer ist wie das verlorene Schaf?	… Zöllner, Sünder

Thema	**19. Die Auferweckung der Tochter des Jairus**	
Liedvers	Jesus weckt ein Mädchen auf, das schon tot war.	
Frage 1	Wie hieß der Vater des Mädchens?	… Jairus
Frage 2	Wie alt war das Mädchen?	… zwölf Jahre

Thema	**20. Jesus stillt den Sturm auf dem See**	
Liedvers	Wind und Wellen toben sehr. Er beruhigt sie.	
Frage 1	An welchem See ereignet sich das?	… See Gennesaret
Frage 2	Was tut Jesus, als der Sturm beginnt?	… er schläft

Thema	**21. Jesus segnet die Kinder**	
Liedvers	Lasst die Kinder zu mir her, ich will sie segnen.	
Frage 1	Was sagen die Jünger zu den Kindern?	… geht weg
Frage 2	Was sagt Jesus zu den Jüngern?	… lasst die Kinder zu mir kommen

Thema	**22. Die Speisung der Fünftausend**	
Liedvers	Hungrig sitzen viele da. Jesus speist sie.	
Frage 1	Was hat ein Junge dabei?	… 5 Brote und 2 Fische
Frage 2	Wie viel bleibt übrig?	… 12 Körbe mit Brotstücken

		Erwartete Antwort, evtl. schon in ganzen Sätzen:
Thema	**23. Die Heilung des Mannes mit der verdorrten Hand**	
Liedvers	Jesus heilt die lahme Hand an einem Sabbat.	
Frage 1	Welcher Wochentag ist der Sabbat?	… Samstag
Frage 2	Wer beobachtet Jesus?	… die Pharisäer

Thema	**24. Der Einzug in Jerusalem**	
Liedvers	Mit dem Esel zieht er ein in Jerusalem.	
Frage 1	Was haben die Leute in der Hand, als Jesus einzieht?	… Palmzweige
Frage 2	Was legen sie auf den Boden?	… ihre Kleider

Thema	**25. Die Tempelreinigung**	
Liedvers	Viele Händler treibt er fort, aus dem Tempel.	
Frage 1	Was sagen die Hohen Priester dazu?	… wir werden ihn umbringen
Frage 2	Was tun die Händler im Tempel?	… Geldwechseln, Tauben verkaufen

Thema	**26. Das Letzte Abendmahl**	
Liedvers	Mit den Jüngern feiert er das Letzte Abendmahl.	
Frage 1	Was steht auf dem Tisch?	… Brot und Wein
Frage 2	Wer geht weg und verrät ihn?	… Judas

Thema	**27. Die Leidensgeschichte**	
Liedvers	Jesus trägt das schwere Kreuz und muss sterben.	
Frage 1	Welcher oberste römische Soldat verurteilt Jesus?	… Pontius Pilatus
Frage 2	Wem gibt Jesus sein Leben?	… seinem Vater

Thema	**28. Die Frauen am leeren Grab**	
Liedvers	Jesus lebt, Halleluja, Halleluja.	
Frage 1	Wie viele Frauen gehen zum Grab?	… drei
Frage 2	An welchem Tag gehen sie zum Grab?	… Sonntag, erster Tag der Woche

Thema	**29. Die Fest- und Gedenktage der Karwoche**	
Liedvers	Kein Liedvers	
	Wie heißt der Tag, an dem wir uns …erinnern?	
Frage 1	– an den Einzug Jesu in Jerusalem	… Palmsonntag
Frage 2	– an das Letzte Abendmahl	… Gründonnerstag
Frage 3	– an das Leiden und Sterben Jesu	… Karfreitag
Frage 4	– an die Auferstehung Jesu	… Ostern

Thema	**30. Die Bedeutung der Osterkerze**	
Liedvers	Kein Liedvers	
Frage 1	Was erinnert an seine Wunden?	… die Nägel
Frage 2	Was erinnert an sein Sterben?	… das Kreuz
Frage 3	Was erinnert an seine Auferstehung?	… Lichtflamme
Frage 4	Was erinnert daran, dass er für uns Anfang und Ende ist?	… Alpha, Omega

Thema	**31. Die Begegnung mit dem Auferstandenen auf dem Weg nach Emmaus**	
Liedvers	Jesus geht nach Emmaus mit, und er bricht das Brot.	
Frage 1	Wie viele Jünger gehen nach Emmaus?	… zwei
Frage 2	Woran erkennen sie Jesus?	… am Brotbrechen

Thema	**32. Der Missionsauftrag und Jesu Himmelfahrt**	
Liedvers	Zu seinem Vater kehrt er heim in den Himmel.	
Frage 1	Welchen Auftrag gibt Jesus seinen Jüngern?	… sie sollen zu allen Völkern gehen und alle taufen
Frage 2	Was verspricht er ihnen?	… er ist bei ihnen und schickt den Heiligen Geist

Thema	**33. Das Pfingstereignis**	
Liedvers	Seine Kraft, den Heiligen Geist, schickt er den Jüngern.	
Frage 1	Der Heilige Geist kommt nicht wie eine Taube sondern wie …	… Sturm und Feuerflammen
Frage 2	Wie viele lassen sich taufen?	… 3000 Menschen

		Erwartete Antwort, evtl. schon in ganzen Sätzen:
Thema	**34. Die Apostel verbreiten die Frohe Botschaft**	
Liedvers	Die Apostel gehen von Ort zu Ort und erzähl'n von Gott.	
Frage 1	Für wen arbeiten die Apostel?	… für Jesus und seinen Vater
Frage 2	Was tun die Apostel?	… verkündigen, taufen, Brot brechen

Thema	**35. Heute wirken viele an der Verbreitung der Frohen Botschaft mit**	
Liedvers	Viele gehen von Ort zu Ort und erzähl'n von Gott.	
Frage 1	Wer ist heute unterwegs für Gott und Jesus?	… Pfarrer, Religionslehrer/in, Kaplan
Frage 2	Wie heißt der Chef von allen?	… Papst ………

Thema	**36. Was man von der Jesusgeschichte in unserer Kirche sehen kann**	
Liedvers	Kein Liedvers	
Frage 1	Welchem Heiligen ist unsere Kirche geweiht?	…
Frage 2	Wann treffen sich die Menschen zum Gottesdienst?	…

Thema	**37. Kinderbibeln vorstellen**	
Liedvers	Kein Liedvers	
Frage 1	Wie nennt man das Heilige Buch?	… Bibel, Heilige Schrift
Frage 2	Wie heißen die zwei Teile dieses Buches?	… Altes Testament, Neues Testament

Thema	**38. Große Fest- und Gedenktage im Kirchenjahr**	
Liedvers	Kein Liedvers	
	Wie heißt der Tag, an dem wir uns … erinnern …	
Frage 1	– an die Geburt Jesu	… Weihnachten
Frage 2	– an das Sterben Jesu	… Karfreitag
Frage 3	– an die Auferstehung Jesu	… Ostern
Frage 4	– an das Heimgehen zu seinem Vater	… Christi Himmelfahrt
Frage 5	– an die Sendung des Heiligen Geistes	… Pfingsten

Thema	**39. Plakat zur Jesusgeschichte**	
Liedvers	Kein Liedvers	

Thema	**40. Landkarte vom Heiligen Land**	
Liedvers	Kein Liedvers	
Frage 1	Wie heißen die drei wichtigsten Städte in Israel?	… Betlehem, Nazaret, Jerusalem
Frage 2	Wie heißen die beiden wichtigen Gewässer?	… See Gennesaret, Jordan

Thema	**41. Realien aus der Zeit Jesu**	
Liedvers	Kein Liedvers	

Thema	**42. Bestätigung des Gelernten mit Urkunde**	
Liedvers	Kein Liedvers	

Thema	**43. Etwas Jesus zuliebe tun**	
Liedvers	Etwas Gutes tut man gern für seine Freunde.	
Frage 1	Was kann man Gutes tun?	…

Thema	**44. Jesus mitnehmen und betend in Verbindung bleiben**	
Liedvers	Lieber Jesus, mit dir bleib ich in Verbindung.	
Frage 1	Wie kann man mit ihm in Verbindung bleiben?	…

Erstellung der Erzähltexte

Vom Verfasser wurde eine Auswahl an Texten getroffen, die einerseits inhaltlich wichtig und andererseits auch für die Kinder fassbar sind, um ein ausgewogenes Jesusbild, wie es in den Evangelien dargestellt ist, aufbauen zu können.

Als Ausgangspunkt für die Konstruktion der jeweiligen biblischen Erzählung, dem Kernstück der Unterrichtsstunde, ist der Text der Einheitsübersetzung gewählt. Er stellt die Basis für die Erstellung einer kindgemäßen Erzählung dar. Als Hilfen zu einer kind- und sachgemäßen Erzählung der biblischen Geschichten wurden zwei weitere für die Schule autorisierte Übersetzungen herangezogen: *Bibel für die Grundschule* und *Meine Schulbibel*. Im Einzelnen wird bei der Erstellung der Erzählvorlage wie folgt vorgegangen:

- Ausgangspunkt der Erzählung ist die sprachliche Fassung der Einheitsübersetzung.
- Es wird textnah erzählt, ohne schriftsinnfremde Zusätze.
- Wichtige Begriffe werden genannt und zugleich erklärt.
- Schwer fassliche Begriffe werden in einfachere übersetzt.
- Unwichtige Textelemente, die eine Erfassung des Gesamtsinns verdecken könnten, werden gerafft oder entfallen.
- Schwierige Satz- und Denkkonstruktionen werden durch einfachere ersetzt.
- Schwer vermittelbare Inhaltselemente werden, soweit es den Gesamtsinn nicht verfälscht, weggelassen.
- Wo es für das Gesamtverständnis des Textes nötig ist, werden erklärende Textelemente eingefügt.
- Überleitende Textteile werden hinzugefügt.
- Durch den Einbau wörtlicher Reden wird die Erzählhandlung stärker kontrastiert.
- Um ein spannendes Erzählen zu ermöglichen, werden entsprechende Elemente eingefügt.
- Zusätze werden auch eingebaut, um die Absicht des Textes verständlicher zu machen.
- Um das Textverständnis zu erhöhen, werden auch kindgemäße Elemente hinzugenommen.
- Wo es sich anbietet, werden Elemente zum Mitsprechen oder Mitzählen eingefügt.
- Wo es nötig ist, werden Handlungselemente eingebaut, um das visuell gestützte Nacherzählen mittels der Bodenbilder zu erleichtern.
- Es wird ohne Historisierung, Symbolisierung, Moralisierung oder sonstige Funktionalisierung des Textes erzählt.
- Wo es nötig ist, werden vorausgehende oder nachfolgende Geschichten kurz erwähnt.
- Besondere Achtsamkeit wird auf wörtliche Reden Jesu gelegt. Sie werden im Wortlaut nur dort abgeändert, wo die Kinder den Zusammenhang sonst nicht verstehen würden.
- Insgesamt wird darauf Wert gelegt, dass die Geschichten als Teil der Heiligen Schrift geachtet werden.
- Die Erzähltexte sind im Imperfekt abgefasst, können aber auch im Präsens erzählt werden.

Umgang mit den Bildern

- Alle Bilder können mithilfe ihrer klaren Bezeichnungen (z. B. Weg B2) eindeutig zugeordnet werden.
- Die Bilder sind so gestaltet, dass sie einfach und auf das Wesentliche beschränkt die jeweilige Person oder Sache darstellen. Die Schüler/innen sollen sie leicht erfassen und selbst nachgestalten können. Unwichtigkeiten sollen nicht das inhaltliche Zentrum verstellen können. Jesus ist größer dargestellt, weil er wichtiger ist.
- Die Anzahl der Bilder einer Geschichte ist so gering wie nur irgend möglich, um den Kindern das Erfassen der Geschichte zu erleichtern und das fehlerfreie Nacherzählen zu ermöglichen.
- Vom praktischen Umgang her gesehen ist es hilfreich, die Figuren auszuschneiden (an den Umrissen oder am Rahmen), wenn gewünscht auszumalen (evtl. von den Kindern) und sie auf buntes Tonpapier (Farbsymbolik beachten) zu kleben.

Erläuterungen zur Darlegung der einzelnen Unterrichtseinheiten

Die nicht biblischen Unterrichtseinheiten folgen einem je eigenen, dem Thema angepassten Unterrichtsplan. Alle biblischen werden in folgendem einheitlichen Schema dargestellt:

Thema: Als Thema der Unterrichtsstunde wird zumeist der Titel gewählt, unter dem der betreffende Text in der Einheitsübersetzung der Bibel abgedruckt ist. Hier wird auch der Verweis zur Schriftstelle genannt, um die Stunde in der Bibel eindeutig zu lokalisieren.

Vorbemerkungen: Gelegentlich werden unter dieser Rubrik erklärende Hinweis zum Ablauf der Unterrichtseinheit gegeben.

Grundgedanke: Als Grundgedanke wird überblicksartig der zentrale Gehalt, der Kern der biblischen Geschichte formuliert. Er ist aus den biblischen Kommentaren zur betreffenden Schriftstelle oder aus der Funktion, die der Inhalt im Ablauf erfüllen soll, entwickelt.

Liedvers: Der Liedvers ist eine kindgemäße Zusammenfassung der betreffenden biblischen Geschichte, mit deren Hilfe wichtige Begriffe singend durch Wiederholung eingeübt werden.

Aufbauen: Hier werden die Bildkarten genannt, die als Grundelemente dienen und vor der Erzählung aufgebaut werden. Sie sollen eine zielgerichtete Erwartungshaltung entstehen lassen. Sie sind in der Reihenfolge angeführt, wie sie von links nach rechts aufgelegt werden. Wird ein Element öfters gebraucht, ist es auch mehrmals genannt. Um Verwechslungen bei den Bildelementen auszuschließen, ist jedes mit einer Nummer (z. B. B5) versehen.

Begriffe sprechen: Um nicht die neuen Begriffe während der Erzählung zu üben, und damit den Erzählfluss zu unterbrechen, werden sie zuvor eingeübt, in dem sie mehrmals – in Silben, zuerst langsam, dann schneller – gemeinsam gesprochen werden. Sie können auch hier bereits in ihrer Bedeutung geklärt werden. Bei Begriffen, die in Klammern gesetzt sind, kann die Einübung auch entfallen, weil sie nicht so bedeutsam sind.

Bildelemente: Hier werden die Personen, Tiere, Pflanzen und Dinge genannt, die in der aufgebauten Szene agieren. Um den Kern der Geschichte nicht durch Nebensächlichkeiten zu verstellen, ist die Anzahl auf ein Minimum reduziert. Sollte ein Bildelement nicht bei der jeweiligen Stunde abgedruckt sein, so ist es in einer der vorhergehenden Unterrichtsstunden mittels der Bildnummer leicht zu finden. Wird jemand verwandelt, z. B. eine kranke Person, so kann sie als geheilte auf die „Rückseite" geklebt werden und braucht dann nur umgedreht zu werden.

Erzählvorschlag: Das Kernstück der Unterrichtsstunde ist die biblische Erzählung. Sie gründet auf der Einheitsübersetzung und ist nach den genannten Regeln erstellt. Sie ist als Vorschlag zu sehen, denn die Erzählung vor den Kindern muss, wenn sie „echt" und „lebendig" sein soll, durch die aktuelle Situation geprägt sein. Je nach Lerngruppe muss sie weiter vereinfacht werden. Die unterstrichenen Begriffe verweisen auf Bildkarten, die an dieser Erzählstelle hingelegt werden.

Anordnung der Bildelemente: Zu jeder biblischen Geschichte sind drei Boden-Bilder durch entsprechend angeordnete Begriffe skizziert. Sie zeigen das Bild, das sich am Boden im Laufe der Erzählung entwickelt. In der Regel sind das Anfangsbild, ein Zwischenbild und das Schlussbild der Geschichte vereinfacht dargestellt. Zumeist kann eines der Bilder als Grundlage für ein Tafelbild dienen, falls den Kindern für den Hefteintrag eine Hilfe gegeben werden soll. Die Handlung verläuft von links nach rechts. Die waagerechte Linie in der Mitte zeigt die Grundlinie des Bildes, die der Weg, das Wasser o. ä. bildet. Die Elemente darüber werden auf den Weg oder hinter der handelnden Person platziert. Die Pfeile unterhalb der Grundlinie geben an, welche Personen im Laufe der Erzählung in welche Richtung bewegt werden.

Erschließungsfragen: Die Erschließungsfragen sind als Angebot zu sehen und müssen nicht abgearbeitet werden. Sie sollen helfen, den Sinngehalt des Textes tiefer zu verstehen und ihn mit dem Lebensumfeld und den Lebenserfahrungen der Kinder zu verflechten. In Klammern sind sehr kurz die erwarteten Antworten notiert. Sie dienen dazu, bei der als offenes Gespräch gedachten Beantwortung der Fragen das Ziel nicht aus den Augen zu verlieren.

Die einzelnen Unterrichtsstunden

1. Thema — Die Verheißung der Geburt und die Geburt Jesu (Lk 1,26-38 und 2,1-7)

Vorbemerkung:
In der ersten Unterrichtsstunde des Jesus-Lehrganges können die Kinder durch das Titelbild (M0, S. 132; als Folie oder Arbeitsblatt) auf den neuen Bereich hingeführt werden, in dem sie ihr Vorwissen zum Ausdruck bringen.

Grundgedanke:
Maria vertraut sich Gottes Plänen an und bekommt durch das Wirken des Heiligen Geistes ein göttliches Kind. Dieses ist der erwartete Messias, der Sohn Gottes. Von Anfang an zeigt sich, dass dieser Messias nicht kriegerisch-politisch ist. Mit machtlos-mächtiger Liebe will Gott die Welt retten durch das Arme und Schwache. Jesus ist das große Geschenk Gottes an die Menschen.

Liedvers: Arm und klein kommt er zur Welt im Stall von Betlehem.

Aufbauen: Dorf (Nazaret) B1, Weg B2, Weg B2, Weg B2, Weg B2, Dorf (Betlehem) B3

Begriffe sprechen: Na-za-ret, Bet-le-hem

Bildelemente: Engel (Gabriel) B11, Maria B4, Josef B5, Stall B8, Krippe B6, Jesuskind B7

Erzählvorschlag:
Gott schickte den Engel Gabriel nach Nazaret zu Maria und ließ sagen:
Du wirst ein Kind bekommen, es kommt von Gott und soll Jesus heißen.
Dies geschieht durch Gottes Kraft, den Heiligen Geist.
Es wird ein ganz besonderes Kind sein.
Maria erschrak. Dann überlegte sie und antwortete: Es soll geschehen, wie Gott will.

Maria war verlobt mit Josef, einem Zimmermann.

In jenen Tagen gab Augustus, der Kaiser des großen römischen Reiches, einen Befehl.
Alle Menschen in seinem Reich sollen sich in Listen eintragen lassen.
Da ging jeder in seine Heimatstadt, um sich eintragen zu lassen.
Maria und Josef gingen nach Betlehem, in die Stadt Davids.
Denn Josef gehörte zu den Nachkommen des König David.
Dort wollte er sich mit seiner Verlobten eintragen lassen.

Der Weg war weit und Maria erwartete ein Kind.
Sie kamen in Betlehem an.
Maria und Josef suchten in Betlehem ein Zimmer, wo sie übernachten könnten, doch sie bekamen keines.
Nur in einem Stall fanden sie Unterkunft.
Da bekam Maria ihr Kind.
Sie wickelte es in Windeln und legte es in eine Futterkrippe.

Anordnung der Bildelemente:

1	2	3
Engel Dorf　　　　　Maria Weg _____	Dorf　Josef Maria　Dorf Weg _____ 　　　→	Stall Jesuskind Josef Krippe Maria

Erschließungsfragen:
1. Maria und Josef waren unterwegs. Woher kamen sie, wohin gingen sie? Warum?
2. Woher kommt das Kind? (Der Engel Gabriel sagt: von Gott, durch den Hl. Geist …)
3. Warum kommt Gottes Kind nicht in einem Palast in einem goldenen Bett zur Welt? (Gott will es so, es soll Freund und Bruder der Armen, Einfachen … werden.)
4. An Weihnachten erinnern wir uns an die Geburt Jesu und feiern seinen Geburtstag. Wie feiert ihr Weihnachten?
5. Was könnte man tun, damit die Hauptperson nicht vergessen wird?

Hinweis:
Ein Muster-Arbeitsblatt zu diesem Thema befindet sich im Abschnitt „Sonstige Materialien" (siehe M14, S. 140).

2. Thema — Der Besuch der Hirten (Lk 2,8-20)

Grundgedanke:
Dieses Kind im Stall ist der von Israel erwartete Messias (Gesalbter; griech.: Christus). Es ist der Retter, Erlöser und Heiland für alle Menschen. Es wird zeigen, wie Gott ist, und den Menschen „guten Willens" Frieden bringen. Es kommt insbesondere zu den Armen und Ausgestoßenen (z.B. Hirten). Diese hören als erste von seiner Ankunft.

Liedvers: Die Hirten sehen das Christus-Kind in der Krippe.

Aufbauen: Feld B9, Weg B2, Weg B2, Weg B2, Stall B8, Maria B4, Josef B5, Krippe B6, Kind B7

Begriffe sprechen: Mes-si-as, (Chris-tus)

Bildelemente: Hirten B12, Schafe B10, ein Engel B11, Engelschar B13

Erzählvorschlag:
In der Nähe der Krippe übernachteten <u>Hirten</u> auf freiem Feld.
Sie bewachten in der Nacht ihre <u>Schafe</u>.
Hirten waren Menschen, die arm, ausgestoßen und wenig geachtet waren.

Da kam plötzlich ein <u>Engel</u> und es wurde ganz hell.
Die Hirten fürchteten sich sehr.
Der Engel aber sagte zu ihnen: Fürchtet euch nicht,
denn ich verkünde euch eine große Freude, die für alle Menschen gedacht ist.
Heute ist in Betlehem der Retter geboren,
er ist der Messias, der Christus, der Herr.
Das heißt: Er kommt von Gott, er bringt den Menschen Gutes und ist ganz wichtig.
So werdet ihr ihn erkennen:
Ihr werdet ein Kind finden, das in Windeln gewickelt in einer Krippe liegt.

Plötzlich war bei dem Engel eine große <u>Engelschar</u>, sie lobten Gott und sprachen:
Ehre sei Gott in der Höhe,
Friede auf Erden, bei den Menschen, die er liebt.

Als die Engel in den Himmel zurückgekehrt waren, sagten die Hirten zueinander:
Kommt, wir gehen nach Betlehem! Wir wollen sehen, was Gott uns durch die Engel sagen ließ.
Sie eilten nach Betlehem.
Sie fanden Maria und Josef und das Kind, das in der Krippe lag.
Sie erzählten, was der Engel über dieses Kind gesagt hatte.
Alle staunten über die Worte der Hirten.
Maria aber bewahrte alles, was geschehen war, in ihrem Herzen und dachte darüber nach.

Die Hirten kehrten wieder zurück zu ihren Schafen.
Sie lobten Gott und dankten ihm für alles, was sie gehört und gesehen hatten.
Denn alles war so, wie der Engel es ihnen gesagt hatte.

Anordnung der Bildelemente:

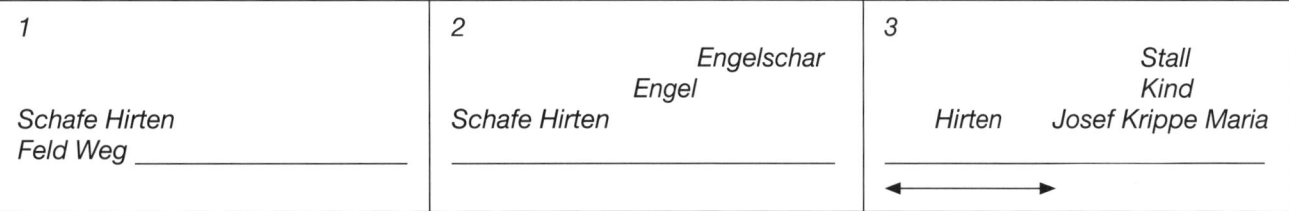

Erschließungsfragen:
1. Die Hirten erfahren als erste vom Jesuskind. Was weißt du über Hirten?
2. Der Engel sagt den Hirten, dass das Jesuskind der Messias, der Christus, der Herr ist. Was bedeutet das? (Es ist ein besonderes Kind, es kommt von Gott. Wenn Jesus groß ist, wird er den Menschen helfen und ganz wichtig sein.)
3. Die Hirten loben und danken Gott. Was könnten sie gesagt haben?
4. Wofür könntest du Gott loben und danken? (Lieber Gott, ich danke dir ...)
5. Habt ihr Figuren aus dieser Geschichte in eurer Krippe zu Hause? Welche Figuren habt ihr noch?

3. Thema: Die Huldigung der Sterndeuter (Mt 2,1-12)

Grundgedanke:
Weise Menschen aus fremden Ländern verehren das Jesuskind als den neuen, vom Himmel angekündigten König, während die Führer des eigenen Volkes ihm nach dem Leben trachten.

Liedvers: Die Weisen kommen von weit her mit Geschenken.

Aufbauen: 4 Wege B2, Stall B8, Josef B5, Maria B4, Krippe B6, Jesuskind B7, Weg B2

Begriffe sprechen: He-ro-des, (Je-ru-sa-lem)

Bildelemente: Die drei Weisen (Männer) B14, Stern B16, König Herodes B15

Erzählvorschlag:
Es war im Osten, weit entfernt von Betlehem, weit entfernt von dem Stall, in dem Jesus geboren worden war.
Dort lebten weise, gescheite Männer.
Sie kannten sich gut mit den Sternen aus.
Eines Tages sahen sie einen neuen, großen Stern am Himmel leuchten.
Da wussten sie, dass ein neuer, großer König geboren sein musste.

Sie zogen von zu Hause weg und folgten dem Stern.
Sie kamen nach Jerusalem, der Hauptstadt des Landes der Juden.
Dort gingen sie zum König der Juden, zu König Herodes, und fragten ihn:
Wo ist der neugeborene König der Juden? Wir haben seinen Stern aufgehen sehen.

Als König Herodes das hörte, erschrak er. In seinem Palast war kein neuer König geboren worden.
Er rief seine Berater zu sich und diese sagten ihm:
Im heiligen Buch steht, dass einmal ein neuer Führer aus Betlehem kommen soll.

Herodes schickte die weisen Sterndeuter nach Betlehem und sagte zu ihnen:
Geht und sucht das Kind und wenn ihr es gefunden habt, dann berichtet es mir.
Ich will dann auch hingehen und es verehren.
In Wirklichkeit wollte er es umbringen, damit er selbst König bleiben könnte.

Nach diesen Worten des Königs machten sich die Sterndeuter auf den Weg.
Sie suchten wieder den Stern und folgten ihm.
Er führte sie zu einem Stall, in dem ein Kind und seine Mutter waren.
Da fielen sie auf die Knie und verehrten das Kind.
Sie holten ihre Schätze hervor und brachten ihm königliche Geschenke: Gold, Weihrauch und Myrrhe.

Im Traum sagte ihnen ein Engel, dass sie nicht zu Herodes zurückkehren sollen,
weil er das Kind umbringen will. Da zogen sie auf einem anderen Weg zurück in ihr Land.
Auch Josef, Maria und das Jesuskind gingen nun fort.
Sie gingen in ein anderes Land, nach Ägypten, damit König Herodes ihnen nichts tun konnte.

Anordnung der Bildelemente:

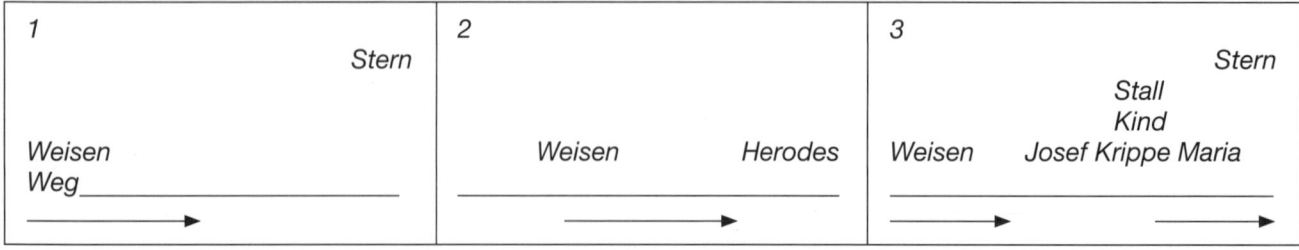

Erschließungsfragen:
1. Was tun die Weisen, um den neuen König zu finden? (aufbrechen, dem Stern folgen, suchen, König fragen, weitersuchen …)
2. Was schenken sie ihm? (königliche Geschenke: Gold, Weihrauch, Myrrhe)
3. Welche Namen haben die Menschen den Weisen gegeben? (drei Könige, Kaspar, Melchior, Balthasar)
4. Was machen die Christen, damit sie sich an diese Geschichte erinnern können? (Gedenktag am 6. Januar, Krippenfiguren, Brauch des Sternsingens, Segensspruch an die Türe: 20 C+M+B 10)

4. Thema — Der zwölfjährige Jesus im Tempel (Lk 2,41-52)

Grundgedanke:
Jesus wächst und reift heran, wird weise und verständig.
Er macht seinen Eltern deutlich, dass Gott sein Vater ist, und ist ihnen weiter gehorsam.

Liedvers: Mit zwölf Jahren ist er dann bei Gott im Tempel.

Aufbauen: Nazaret B1, 4x Weg B2, Tempel B19, Jerusalem B22

Begriffe sprechen: Tem-pel

Bildelemente: 12-jähriger Jesus B17, Maria B4, Josef B5, Leute B20, Lehrer B18

Erzählvorschlag:
Als König Herodes gestorben war, kamen Maria, Josef und das Jesuskind aus Ägypten zurück
und wohnten nun wieder in Nazaret.
Jesus war immer gut und tat nie etwas Böses.
Bestimmt half das Jesuskind seiner Mutter im Haus.
Bestimmt half er auch seinem Pflegevater Josef in der Werkstatt.
Josef war nämlich Zimmermann und baute Häuser.
Jesus wurde älter und Gott war ihm immer nahe und schenkte ihm Weisheit.

Als Jesus zwölf Jahre alt war, reiste er mit seinen Eltern nach Jerusalem.
Maria und Josef und viele andere Leute reisten jedes Jahr nach Jerusalem zu einem Fest.
Es heißt Paschafest (gesprochen: Pas-cha-Fest).
An diesem Fest gingen die Menschen in den Tempel,
sie beteten und erinnerten sich daran, dass Gott sie vor langer Zeit gerettet hatte.

Nachdem die Festtage zu Ende waren, gingen sie wieder zurück.
Jesus aber blieb in Jerusalem, ohne dass es seine Eltern merkten.
Als Josef und Maria schon ein großes Stück gegangen waren, bemerkten sie, dass Jesus nicht bei ihnen war.
Sie suchten ihn in der Reisegruppe bei den Verwandten und Bekannten.
Als sie ihn nicht fanden, kehrten sie nach Jerusalem zurück und suchten ihn dort.

Nach drei Tagen fanden sie ihn im Tempel. Er saß mitten unter den Lehrern, hörte ihnen zu und stellte Fragen.
Alle, die ihn hörten, staunten über seine Fragen und Antworten.

Als seine Eltern ihn sahen, waren sie ganz bestürzt und seine Mutter sagte zu ihm:
Kind, wie konntest du uns das antun? Dein Vater und ich haben dich voller Angst gesucht!
Er aber sagte zu ihnen: Warum habt ihr mich gesucht?
Wusstet ihr nicht, dass ich im Haus meines Vaters sein muss?
Doch sie verstanden nicht, was er damit meinte.

Dann kehrte er mit ihnen nach Nazaret zurück und war ihnen gehorsam.
Seine Mutter bewahrte alles in ihrem Herzen auf, was sie erlebt hatte.
Jesus wurde älter und seine Weisheit wurde größer und er war beliebt bei Gott und den Menschen.

Anordnung der Bildelemente:

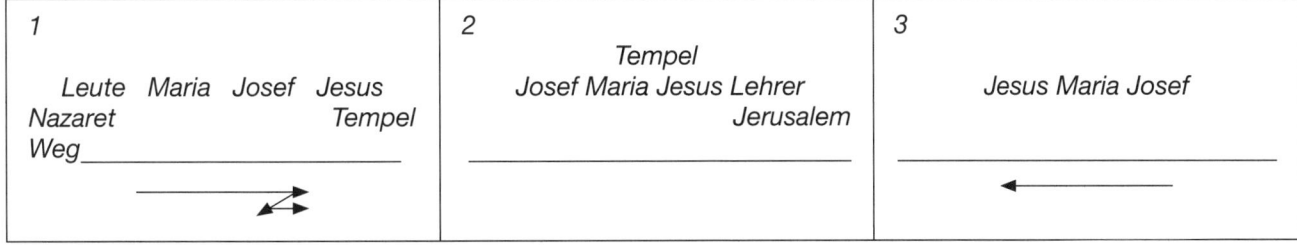

Erschließungsfragen:
1. Haben deine Eltern dich schon einmal suchen müssen?
2. Warum geht die heilige Familie in den Tempel? (beten, Fest feiern)
3. Warum bleibt Jesus im Tempel? (Er will bei seinem Vater bleiben, sein Vater ist nicht Josef, sondern Gott.)
4. War Jesus ungehorsam? (Er war seinem richtigen Vater gehorsam.)

5. Thema Die Taufe Jesu (Lk 3,21-23)

Grundgedanke:
Obwohl Jesus ohne Sünde und wichtiger als Johannes ist, lässt er sich von ihm taufen. Jesus stellt sich von Anfang an auf die Seite der sündigen Menschen. Gott bestätigt öffentlich, dass Jesus der Sohn Gottes, der Messias ist, und dass der heilige Geist, Gottes Kraft, in ihm wirkt.

Liedvers: Jesus kommt zum Jordan hin. Johannes tauft ihn.

Aufbauen: Weg B2, Weg B2, Weg B2, Wasser (Fluss) B29, Weg B2, Wüste B28, Wolke (Himmel) B23

Begriffe sprechen: Jor-dan,

Bildelemente: Jesus B0, Johannes B24, Leute B21, Taube B25

Erzählvorschlag:
Jesus war nun erwachsen.
Er war ungefähr dreißig Jahre alt,
da ging er von zu Hause, von Nazaret, fort.
Er kam an den Jordan,
das ist ein kleiner Fluss mit klarem Wasser.

Am Jordan war Johannes, er trug ein Gewand aus Kamelhaaren.
Viele Leute kamen und hörten ihm zu.
Er sprach zu den Leuten: Kehrt um! Hört auf, Böses zu tun und tut Gutes.
Bereitet dem Herrn den Weg!
Bald wird einer von Gott kommen.
Lasst euch taufen, damit alles Böse von euch weg ist, damit ihr rein seid, wenn der Herr kommt.
Da stiegen die Menschen in den Jordan und ließen sich taufen.
Nun kam Jesus.
Er wollte sich auch taufen lassen.
Da sagte Johannes: Du bist wichtiger. Du müsstest mich taufen.
Jesus wollte aber wie die anderen Menschen getauft werden.
Und da taufte ihn Johannes.

Und während Jesus betete, öffnete sich der Himmel
und der Heilige Geist, Gottes Kraft, kam wie eine Taube auf ihn herab.
Und eine Stimme aus dem Himmel sprach:
Dies ist mein geliebter Sohn.

Dann ging Jesus in die Wüste
und Gottes Kraft war in ihm.

Anordnung der Bildelemente:

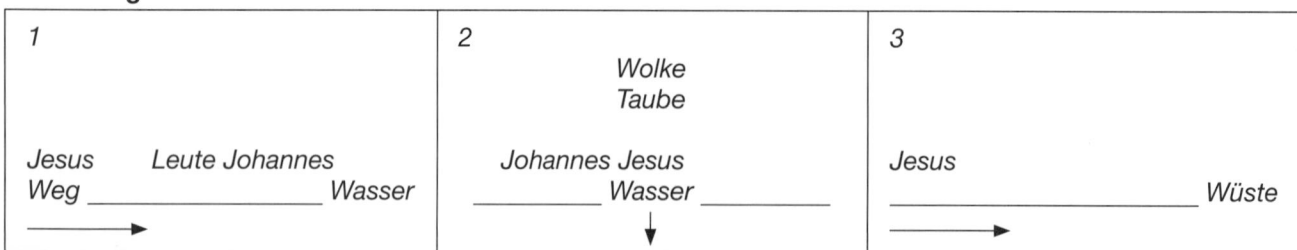

Erschließungsfragen:
1. Warum kommen die Menschen zu Johannes dem Täufer? (Sie wollen rein werden und neu beginnen.)
2. Was wissen nun die Leute von Jesus, die bei seiner Taufe dabei waren? (will wie die Menschen sein, er ist wichtiger als Johannes, ist erwartet, ist Gottes geliebter Sohn, Gottes Geist ist bei ihm)
3. Weißt du etwas von deiner Taufe?
4. Wenn Kinder getauft werden, sagt der Priester: N.(Name), ich taufe dich im Namen des Vaters und des Sohnes und des Heiligen Geistes. Wer ist der Vater, wer ist der Sohn und wer der Heilige Geist?
5. Am 24. Juni ist der Gedenktag von Johannes dem Täufer. Kennst du jemanden, der Johannes, Hans oder Johanna heißt und an diesem Tag seinen Namenstag feiert?

6. Thema — Die Versuchung Jesu in der Wüste (Mt 4,1-11)

Grundgedanke:
Jesus ist nicht nur durch seine Herkunft, sondern auch durch sein Verhalten Gottes Sohn. Er tut nicht, was der Teufel (Durcheinanderwerfer), der Satan (Gegner) sagt, sondern was Gott will. Er lässt nicht zu, dass Gott beiseite geschoben wird.

Liedvers: Vierzig Tage fastet er in der Wüste.

Aufbauen: Weg B2, Wüste B28, Wüste B28, Wüste B28,
Steine B26, Tempel B19, Berg B30

Begriffe sprechen: Sa-tan

Bildelemente: Jesus, Teufel B27

Erzählvorschlag:
Der Heilige Geist, die Kraft Gottes, führte Jesus in die Wüste.
Jesus wollte Gott ganz nahe sein, mit ihm reden und überlegen, was er nun tun sollte.
Jesus blieb vierzig Tage und vierzig Nächte in der Wüste und fastete.
Er hatte Hunger.

Da kam der Teufel, der Satan, und führte ihn in Versuchung.
Er wollte versuchen, ob er Jesus zu etwas Bösem überreden könnte.
Er sprach: Wenn du Gottes Sohn bist, dann befehle, dass diese Steine zu Brot werden.
Jesus sprach: Nein! Ich mache nur, was Gott sagt.
Er erklärte ihm, dass es etwas Wichtigeres gibt als Brot, nämlich Gottes Wort.

Daraufhin nahm ihn der Teufel mit in die heilige Stadt Jerusalem,
stellte ihn oben auf den Tempel und sagte zu ihm:
Wenn du Gottes Sohn bist, dann stürze dich hinab, dann werden doch die Engel kommen
und dich auffangen, damit dir nichts passiert.
Jesus sprach: Nein! Ich mache nur, was Gott sagt.
Er erklärte, dass man Gott, den Herrn nicht zwingen darf, dass er einem wie ein Knecht dient.

Daraufhin nahm ihn der Teufel mit und führte ihn auf einen hohen Berg.
Er zeigte ihm alle Königreiche mit ihrer Pracht und sagte zu ihm:
Das alles will ich dir geben, wenn du dich vor mir niederwirfst und mich anbetest.
Da sagte Jesus: Nein! Ich mache nur, was Gott sagt.
Er erklärte: Nur vor dem Herrn, deinem Gott, sollst du dich niederwerfen und nur ihm sollst du dienen.

Und Jesus sagte: Weg mit dir, Satan!
Da ging der Teufel weg.
Zu Jesus aber kamen Engel und dienten ihm.

Anordnung der Bildelemente:

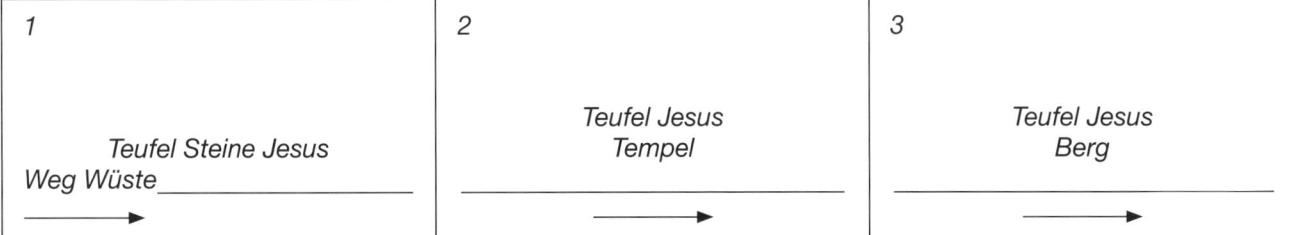

1	2	3
Teufel Steine Jesus Weg Wüste →	Teufel Jesus Tempel →	Teufel Jesus Berg →

Erschließungsfragen:
1. Was will der Teufel von Jesus? (Brot machen, hinunterspringen, ihn anbeten, er soll tun, was der Böse will)
2. Warum macht Jesus nicht, was der Teufel sagt? (Weil der Böse, der das sagt, etwas Böses damit im Sinn hat.)
3. Jesus sagt zum Teufel „nein". Wo musst du manchmal ganz laut „nein" sagen? (Wenn andere Kinder Böses wollen, wenn man in einem fremden Auto mitfahren soll, bei einer schlechten Fernsehsendung, bei einem brutalen Computerspiel, bei Berührungen, die man nicht will …) (nein sagen einüben, vorsagen/nachsagen, erst leise, dann immer lauter)
4. Wie wird der Teufel gemalt oder im Fasching gespielt?

7. Thema: Jesus beginnt zu predigen (Mk 4,14-15)

Vorbemerkung:
Diese Einheit zeigt Jesu Verkündigung überblicksartig und gestuft. Sie ist deshalb weniger nah am Schrifttext. Ihre Bild-Struktur findet sich auch in den Themen Nr. 35 und 36, um bewusst einen inhaltlichen Zusammenhang dieser Einheiten herzustellen.

Grundgedanke:
Jesus verkündet in seiner Heimat das Evangelium, die frohe Botschaft. Sie lautet: Kehrt um und glaubt an Gott und seine Botschaft, glaubt an das Reich Gottes, seine Herrschaft ist nahe.

Liedvers: Jesus geht von Ort zu Ort und erzählt von Gott.

Aufbauen: Weg B2, Weg B2, Weg B2, Weg B2, Dorf B1

Begriffe sprechen: Ga-li-lä-a

Bildelemente: Jesus, Leute B20, 4x 2 Wege B2, 4x Dörfer B1

Erzählvorschlag:
Jesus kam aus der Wüste.
Die Kraft Gottes war in ihm.
Er wusste nun, was seine Aufgabe ist.
Er ging zurück nach Galiläa, in das Gebiet, wo er früher gelebt hatte.
Dort ging er von Dorf zu Dorf und erzählte von Gott.

Wir können uns das so vorstellen:
Jesus ging in ein Dorf.
Die Leute kamen und hörten ihm zu.
Er sagte: Vertraut Gott, er ist lieb, wie ein guter Vater.

Da ging er seinen Weg weiter ins nächste Dorf.
Dort sprach er zu den Leuten: Vertraut Gott und werdet seine Freunde.

Da ging er seinen Weg weiter ins nächste Dorf.
Dort sprach er zu den Leuten:
Vertraut Gott und seid auch gut zueinander.

Da ging er seinen Weg weiter ins nächste Dorf.
Dort sprach er zu den Leuten: Vertraut Gott! Wer böse ist, soll umkehren und gut werden.

Da ging er seinen Weg weiter ins nächste Dorf.
Dort verkündete er den Leuten: Vertraut Gott, er baut ein gutes Reich auf, er baut das Reich Gottes auf.

So ging Jesus in Galiläa von Ort zu Ort und erzählte weiter von Gott.

Anordnung der Bildelemente:

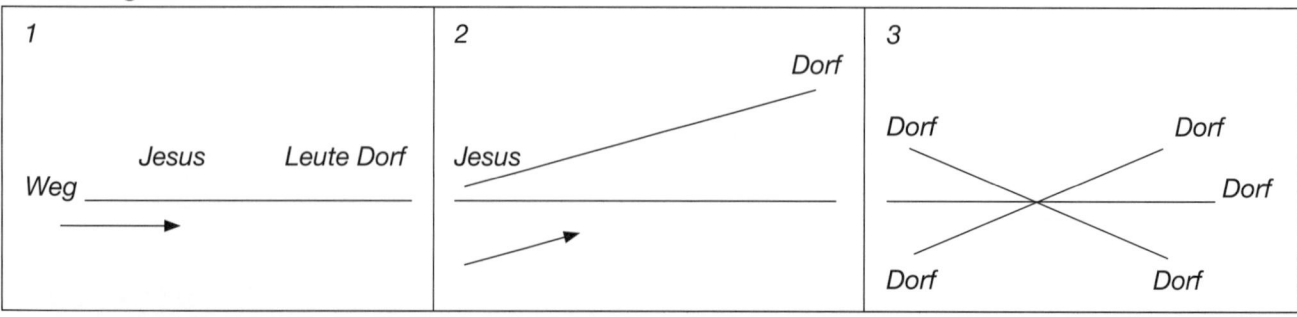

Erschließungsfragen:
1. Was sagt Jesus den Menschen?
2. Was könnten die Menschen Jesus gefragt haben?
3. Die Menschen sollen Gott vertrauen. Wem vertraust du?
4. Wie leben heute die Freunde Gottes, die ihm vertrauen? (denken an ihn, reden mit ihm = beten, helfen ihm, besuchen den Gottesdienst …)

8. Thema: Die Ablehnung Jesu in seiner Heimat (Lk 4,16-30)

Grundgedanke:
Jesus legt sein Programm vor. Er ist der vom Alten Testament angekündigte Messias, der die frohe Botschaft vor allem zu den Benachteiligten bringt. Doch die Menschen seiner Heimat sehen in ihm nur Josefs Sohn, nicht Gottes Sohn. Sie erkennen ihn nicht an, sondern wollen ihn beseitigen. Das Kreuz zeichnet sich von Anfang an ab.

Liedvers: Die Menschen seiner Heimatstadt lehnen Jesus ab.

Aufbauen: Weg B2, Weg B2, Synagoge B31, Weg B2, Berg mit Abhang B34

Begriffe sprechen: Sy-na-go-ge, (Pro-phet)

Bildelemente: Jesus, heiliges Buch B32, Leute B33

Erzählvorschlag:
Jesus war wieder unterwegs.
Er kam in sein Heimatdorf, nach Nazaret.
Dort ging er, wie immer, am heiligen Tag in die Synagoge.
Die Synagoge ist das Gebetshaus der Juden.
Es waren viele Leute da.
Jesus stand auf und wollte aus dem heiligen Buch vorlesen.
Man gab ihm das Buch und er las vor:
Dort stand: *Es wird einmal jemand kommen.*
              Der Heilige Geist wird bei ihm sein.
              Er ist von Gott gesandt.
              Er bringt den Armen eine frohe Botschaft.
              Er sagt den Gefangenen, dass sie befreit werden.
              Er sagt den Blinden, dass sie wieder sehen werden.
              Er sagt, dass eine Zeit kommt, in der Gott alles gut macht.

Dann schloss Jesus das Buch.
Nun warteten alle, was er dazu erklären würde.
Und Jesus sagte: Ich bin der Mann, von dem das geschrieben steht.
Diese Worte haben sich heute erfüllt.
Alle klatschten Beifall und staunten über ihn und das, was er sagte.

Doch dann sprachen sie: Ist das nicht der Sohn Josefs?
Und Jesus sagte: Ich weiß, ihr wollt, dass ich hier ein Wunder vollbringe,
aber kein Prophet, kein Mann Gottes, wird in seiner Heimat wichtig genommen.

Als die Leute das hörten, wurden alle wütend.
Sie sprangen auf und trieben ihn zur Stadt hinaus.
Dann zerrten sie ihn an den Abhang eines Berges und wollten ihn hinabstürzen.
Er aber ging einfach weg.

Anordnung der Bildelemente:

1	2	3
Synagoge Weg	Synagoge Leute Jesus Buch	Leute Jesus Abhang

Erschließungsfragen:
1. Jesus las aus dem heiligen Buch vor, dass einmal jemand kommen wird. Was ist das besondere an diesem? (Der Heilige Geist ist in ihm, Gott hat ihn geschickt, er bringt eine frohe Botschaft ...)
2. Wie reagieren die Leute in Nazaret auf Jesus? (erst Beifall, dann Ablehnung)
3. Hast du schon einmal Beifall bekommen? Erzähle!
4. Wurdest du abgelehnt? Erzähle!

9. Thema: Berufung der Jünger (Mk 1,16-20)

Grundgedanke:
In seiner Heimat ruft Jesus Menschen von ihrer Arbeit weg, damit sie „hinter ihm hergehen". Sie verlassen ihren Beruf, ihre Heimat und ihre Familie und schließen sich ihm an. Er ruft sie nicht, weil sie besondere Begabungen hätten, sondern weil er sie erwählt hat. Er braucht sie für seinen Dienst.

Liedvers: Folgt mir nach, ruft Jesus laut. Zwölf Jünger folgen ihm.

Aufbauen: Wasser B29, Wasser B29, Weg B2, Weg B2, Weg B2

Begriffe sprechen: See Gen-ne-sa-ret,

Bildelemente: Boot mit Netz B35, ein Jünger (Simon) B36, ein Jünger (Andreas) B37, zwei Jünger (Jakobus und Johannes) B38, vier Jünger (Männer) B39, vier Jünger (Männer) B40

Erzählvorschlag:
Jesus kam zum See Gennesaret.
Er sah die beiden Brüder Simon und Andreas.
Sie waren im Boot und warfen ihre Netze aus. Sie waren nämlich Fischer.

Da sagte er zu ihnen:
Kommt her, folgt mir nach!
Ich werde euch zu Menschenfischern machen.
Er wollte, dass sie nicht mehr „Fische-Fischer" sind, sondern Menschenfischer.
Sie sollten mithelfen, dass Gott viele Freunde bekommt.
Sogleich ließen sie ihre Netze liegen und folgten ihm.

Da sah Jesus auch Jakobus und seinen Bruder Johannes.
Auch sie rief er.
Sie ließen alles liegen und folgten Jesus nach.

Und Jesus sah noch weitere Männer.
Er rief sie und sie gingen mit ihm mit.
Insgesamt waren es dann 1, 2, 3, … 12 besondere Freunde.
Ihre Namen lauten:
Simon-Petrus und Andreas, Jakobus und Johannes
Philippus, Bartholomäus, Thomas, Matthäus,
Jakobus der Jüngere, Thaddäus, Simon und Judas.
Sie waren seine Jünger, seine Schüler.

Anordnung der Bildelemente:

1	2	3
	zwei Fischer Jesus Boot	2 x 4 Jüng., 2 Jüng., 2 x 1 Jüng. Jesus
Wasser_____Weg	Wasser_____Weg ←	_____→

Erschließungsfragen:
1. Was waren die ersten Jünger von Beruf und was sollen sie werden?
2. Warum gehen sie mit Jesus mit?
3. Wem gehst du gerne hinterher, weil er ein Vorbild für dich ist?
4. Kennst du jemanden, der so heißt wie einer der zwölf Jünger?

Hinweis:
Ein Muster-Arbeitsblatt zu diesem Thema befindet sich im Abschnitt „Sonstige Materialien" (siehe M15, S. 140).

10. Thema — Die Hochzeit zu Kana (Joh 2,1-12)

Grundgedanke:
Jesus nimmt am Leben der Menschen teil, er geht zu einer Hochzeit und feiert mit. Bereits am Anfang seines Wirkens zeigt er hier programmatisch, was durch ihn kommt: er bringt Gutes in Fülle (600 Liter Wein!). Dabei wird das, was war (rituelle Reinigung mit Wasser) überboten. Jesus lässt sein Wirken aber nicht durch Menschen (z.B. Maria) bestimmen, sondern nur durch seinen himmlischen Vater.

Liedvers: Aus dem Wasser wurde Wein bei der Hochzeit.

Aufbauen: festlicher Tisch B42, Braut und Bräutigam B45

Begriffe sprechen: Ka-na

Bildelemente: Jesus, Maria B4, sechs Wasserkrüge B41, Diener B43, Wirt B44

Erzählvorschlag:
In der Stadt Kana, in Galiläa fand eine Hochzeit statt.
Jesus, seine Mutter Maria und die Jünger waren auch eingeladen.
Sie gingen zur Hochzeit.

Sie aßen und tranken und feierten.
Plötzlich ging der Wein aus.
Da sagte Maria zu Jesus:
Sie haben keinen Wein mehr.
Jesus antwortete: Was willst du von mir, Frau?
Meine Stunde ist noch nicht gekommen.

Da sagte seine Mutter zu den Dienern:
Was er euch sagt, das tut.

Es standen sechs Wasserkrüge für die Reinigung da. Das war bei den Juden so üblich (1, 2, 3, 4, 5, 6).
Jeder fasste ungefähr 100 Liter, das sind zehn Eimer voll.
Jesus sagte zu den Dienern: Füllt die Krüge mit Wasser, füllt sie bis zum Rand.
Da füllten die Diener die Krüge bis zum Rand mit Wasser.

Dann sagte Jesus: Schöpft nun und bringt davon dem Wirt.
Die Diener brachten ihm etwas davon.
Er trank von dem Wasser, das zu Wein geworden war.
Er wusste nicht, woher der Wein kam.
Die Diener aber, die das Wasser geschöpft hatten, wussten es.
Der Wirt war sehr erstaunt, weil der Wein besonders gut schmeckte.
Er ging zum Bräutigam und sagte zu ihm:
Jeder setzt zuerst den guten Wein vor und wenn die Gäste zuviel getrunken haben, den weniger guten.
Du jedoch hast den guten Wein bis zum Schluss aufbewahrt.

So tat Jesus in Kana in Galiläa sein erstes Wunder und zeigte so seine Herrlichkeit.
Und seine Jünger glaubten an ihn.

Anordnung der Bildelemente:

1	2	3
Tisch Brautpaar	Maria Jesus Krüge Diener Wirt	Wirt Tisch Brautpaar

Erschließungsfragen:
1. Vielleicht warst du schon einmal bei einer Hochzeit. Was kann man da erleben?
2. Was war das besondere an der Hochzeit in Kana? (Jesus verwandelt etwas Normales in etwas sehr Gutes.)
3. Was hat Jesus den Menschen dadurch gezeigt? (dass er Gutes bringt, dass in ihm Gottes Kraft ist...)
4. Warum macht Jesus nicht sofort, was Maria will? (Er macht nicht das, was Menschen wollen, sondern das, was Gott will.)

| 11. Thema | **Die Heilung des blinden Bartimäus** (Mk 10,46-52) |

Grundgedanke:
Wer sich in seiner Not vertrauensvoll an Jesus wendet, der wir geheilt. Der Blinde kann wieder sehen. Im übertragenen Sinn öffnet der Herr dem Suchenden die Augen und er wird bereit, ihm nachzufolgen.

Liedvers: Bartimäus – der ist blind. Jesus heilt ihn.

Aufbauen: Weg B2, Weg B2, Weg B2, Weg B2,

Begriffe sprechen: (Je-ri-cho), Bar-ti-mä-us,

Bildelemente: Leute B21, Jesus, blinder Bartimäus B46, geheilter Bartimäus (Rückseite) B47

Erzählvorschlag:
Jesus war wieder mit seinen Freunden unterwegs.
Er war in der Nähe einer Stadt.
Sie hieß Jericho.
Viele Leute waren bei ihm.

Am Straßenrand war ein Bettler. Er hieß Bartimäus. Er war blind.
Vieles konnte er nicht sehen. Er konnte die Sonne, … nicht sehen.
Er konnte deshalb nicht arbeiten und musste betteln.

Als Bartimäus hörte, dass Jesus von Nazaret vorbeikommen würde,
rief er ganz laut:
Jesus hilf mir!
Die Leute schimpften und sagten:
Sei doch still!
Bartimäus aber rief noch viel lauter:
Jesus hilf mir; Jesus, Sohn Davids, hab Erbarmen mit mir!

Da blieb Jesus stehen und sagte: Ruft ihn her!
Sie riefen den Blinden und sagten:
Hab nur Mut, steh auf, er ruft dich!
Da sprang er auf und lief zu Jesus.

Nun stand Bartimäus vor Jesus.
Jesus fragte ihn: Was soll ich dir tun?
Bartimäus sagte: Herr, ich möchte sehen können.
Jesus antwortete: Geh, dein Glaube hat dir geholfen!
Weil du mir vertraut hast, wirst du wieder sehen können.

Und im gleichen Augenblick konnte Bartimäus wieder sehen.
Jetzt konnte er die Sonne, … die anderen Menschen und Jesus sehen,
und er folgte Jesus auf seinem Weg.

Anordnung der Bildelemente:

1	2	3
Leute Jesus Bartimäus Weg ⟶ ⟵	Jesus Bartimäus	Leute Bartimäus Jesus ⟶

Erschließungsfragen:
1. Macht die Augen zu! Was kann ein Blinder nicht sehen? Öffne die Augen! Was kann er sehen?
2. Warum hat Bartimäus nach Jesus gerufen?
3. Warum geht Bartimäus mit Jesus mit?
4. Bartimäus hat Jesus vertraut. Wem kannst du vertrauen?

12. Thema — Die Heilung eines Taubstummen (Mk 7,31-37)

Grundgedanke:
Die Menschen bringen Jesus dazu, dass er außerhalb des jüdischen Gebietes heilt. Er hilft einem, der weder hören noch sprechen kann. Jesu Berührung und sein Wort öffnen seine Ohren und lösen seine Zunge. Nun ist der Mann wieder heil, er vermag Jesu Worte zu hören und Gott zu preisen. Der Heiland hat ihn von seinem Leiden erlöst.

Liedvers: Er war taub und er war stumm. Jesus erlöst ihn.

Aufbauen: Weg B2, Weg B2, Weg B2, Weg B2

Begriffe sprechen: Ef-fa-ta

Bildelemente: Jesus, Leute B21, Taubstummer B48, Geheilter (Rückseite) B49

Erzählvorschlag:
Jesus war unterwegs.
Es war außerhalb des Landes.
Da brachten die Leute einen Taubstummen zu Jesus.
Der Mann konnte nicht hören und er konnte nicht sprechen.
Er konnte nicht …
Er schaute nur mit großen Augen und murmelte Unverständliches.
Die Leute baten Jesus:
Bitte berühre ihn.

Jesus ging mit ihm ein Stück zur Seite, damit sie von den Leuten weg waren.
Dann legte er seine Finger in die Ohren des Taubstummen
und berührte die Zunge des Mannes.
Dann blickte er zum Himmel hinauf und rief:
Effata, das heißt: Öffne dich.
Sogleich öffneten sich seine Ohren
und er konnte wieder hören.
Auch seine Zunge löste sich
und er konnte wieder sprechen.
Er war geheilt.

Die Menschen, die dabei waren, staunten.
Sie sagten: Er hat alles gut gemacht.
Er macht, dass die Tauben hören und die Stummen sprechen.

Jesus verbot ihnen, jemandem davon zu erzählen. Doch sie erzählten es allen weiter.

Anordnung der Bildelemente:

1	2	3
Jesus Weg →	Jesus Taubstummer Leute → ←	Jesus Taubstummer Leute ←

Erschließungsfragen:
1. Was kann ein tauber Mensch nicht hören?
2. Was kann ein stummer Mensch nicht sagen?
3. Warum bringen die Leute den Taubstummen zu Jesus? (Sie vertrauen ihm, wissen, dass er helfen kann, er ist der Heiland, der Erlöser.)
4. Manche sind Gott gegenüber taub und stumm. Was könnte das heißen? (Sie hören seine Worte nicht, sie reden nicht mit ihm.)
5. In der Taufe spricht der Priester zum Neugeborenen: Effata (Öffne dich)! Wofür soll er sich in seinem Leben öffnen? (Er soll das Wort Gottes vernehmen und den Glauben bekennen.)

13. Thema — Heilung der Besessenen von Gadara (Mt 8,28-34)

Grundgedanke:
In Jesus, dem Sohn Gottes, wirkt Gottes gute Kraft, der Heilige Geist. In manchen Menschen sind böse, dämonische Kräfte am Werk. Sie machen sich selbst und den anderen das Leben schwer. Jesus ist stärker als die bösen Kräfte. Seine heilende Begegnung führt die Menschen zum wahren Menschsein, damals wie heute.

Liedvers: Gottes Sohn befreite sie von einer bösen Kraft.

Aufbauen: Weg B2, Weg B2, Weg B2, Höhle (Grabhöhle) B54, Weg B2, Abhang B52, Wasser B29, Wasser B29

Begriffe sprechen: Be-ses-sen

Bildelemente: Jesus, zwei Besessene B50, Schweineherde B53, Leute B20, geheilte Männer (Rückseite) B51

Erzählvorschlag:
Jesus kam in ein Gebiet, das am anderen Ufer des Sees Gennesaret lag.
Da liefen ihm von den Grabhöhlen her zwei Besessene entgegen.
Besessene sind Menschen, in denen eine böse Kraft, ein böser Geist sitzt.
Sie waren so gefährlich, dass niemand den Weg benutzen konnte, der dort vorbei führte.
Man hatte sie schon gefesselt, doch sie haben die Stricke und Ketten wieder zerrissen.
Niemand konnte sie bändigen.
Sie waren so wild, dass sie sich selbst sogar mit Steinen schlugen.

Als sie Jesus sahen, schrie der böse Geist durch sie:
Wir wollen mit dir nichts zu tun haben, Sohn Gottes.
Bist du vielleicht gekommen, um uns zu quälen und fort zu treiben?
Lass uns in Ruhe!

In einiger Entfernung weidete eine große Schweineherde.
Die bösen Kräfte in den Männern sagten:
Wenn du uns schon austreibst, dann schicke uns wenigstens in die Schweine,
damit wir in den Schweinen leben können.
Er erlaubte es ihnen und sie fuhren in die Schweine.
Die beiden Männer waren nun ganz ruhig.
Doch die ganze Schweineherde stürmte den Abhang hinunter und sie gingen im Wasser unter.

Die Schweinehirten, die das sahen, rannten in die Stadt und erzählten alles.
Und die Leute kamen, um zu sehen, was geschehen war.
Sie sahen, dass die beiden Männer, die zuvor von der bösen Kraft besessen waren,
ganz friedlich und ruhig dasaßen.
Da gerieten sie in Furcht und baten Jesus, er soll doch gehen.

Anordnung der Bildelemente:

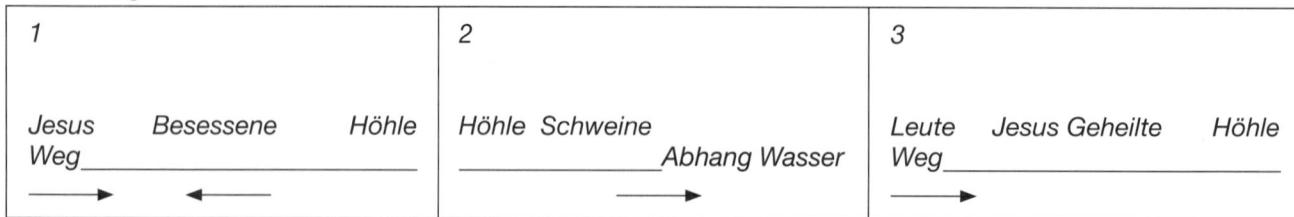

Erschließungsfragen:
1. Hast du schon mal jemanden erlebt, der sehr wild war?
2. Welche Kraft war in der Geschichte stärker, die gute oder die böse? (Der Heilige Geist in Jesus war stärker.)
3. Warum wollen die Leute nicht, dass Jesus bleibt? (Furcht vor diesen Kräften)
4. Nach der Heilung waren die beiden von den bösen Kräften befreit. Wie sind Menschen ohne böse Kräfte?

14. Thema Die Heilung eines Aussätzigen (Lk 5,12-16)

Grundgedanke:
Ein Aussätziger wurde damals von der Gemeinschaft der Menschen ausgeschlossen und galt als von der Gemeinschaft mit Gott getrennt. Jesu Wort, unterstützt von seiner Berührung, heilt ihn und eröffnet ihm wieder Gemeinschaft. Der Kranke überlässt es aber dem Herrn, wie er ihm hilft (dein Wille geschehe).

Liedvers: Aussatz hat der arme Mann, Jesus heilt ihn.

Aufbauen: Haus B55, Weg B2, Weg B2, Höhle B54, Weg B2, Weg B2

Begriffe sprechen: Aus-satz

Bildelemente: geheilter Mann B57, Priester B56, Aussätziger (Rückseite) B58, Jesus

Erzählvorschlag:
Da war ein Mann, er lebte in seinem Haus, bei seiner Familie.
Eines Tages bemerkte er Flecken auf seiner Haut (Aussätziger).
Nun musste er zum Priester gehen und seine Haut zeigen.
Der Priester sagte zu ihm: Du hast Aussatz. Du musst fort.

Aussatz ist eine sehr ansteckende Krankheit. Heute heißt sie Lepra. Damals war sie unheilbar.
Wenn jemand diese Krankheit bekam, wurde er ausgesetzt. Daher kommt der Name der Krankheit.
Er durfte nicht mehr in seinem Haus bei seiner Familie wohnen.
Er durfte auch nicht im Dorf bleiben. Viele Aussätzige wohnten draußen bei den Höhlen.
Sie mussten ihre Kleider zerreißen, damit jeder sehen konnte, dass sie Aussätzige waren.
Niemand durfte sie berühren.
Damit die Leute gewarnt waren, mussten sie auch laut rufen: unrein, unrein.
Sie hatten nämlich eine unreine Haut.
Die Menschen damals glaubten aber auch, dass sie ein unreines Herz hätten,
dass Gott sie bestraft hätte, weil sie böse waren.
Deshalb durften sie auch nicht in den Tempel zum Beten.
Sie fühlten sich also von Gott und den Menschen ausgeschlossen.

Als Jesus wieder unterwegs war, begegnete er einem solchen Aussätzigen.
Dieser kam auf ihn zu.
Und als er Jesus erblickte, fiel er vor ihm auf den Boden und sagte zu ihm:
Herr, wenn du willst, kannst du mich rein machen.
Da streckte Jesus seine Hand aus, berührte ihn und sprach: Ich will, dass du rein bist.
Und sofort war der Aussatz verschwunden. Er war geheilt.

Jesus befahl ihm: Sage es niemandem.
Geh und zeige dich dem Priester, damit er feststellen kann, dass du geheilt bist.
Dann bringe Gott ein Geschenk, ein Opfer, so wie es Pflicht ist.
Da ging der Geheilte freudig nach Hause.

Jesus wurde immer bekannter. Immer mehr Leute kamen, um ihn zu hören.
Er aber zog sich an einsame Orte zurück und betete.

Anordnung der Bildelemente:

Erschließungsfragen:
1. Hattest du schon einmal eine ansteckende Krankheit?
2. Wie ging es dem Aussätzigen damals? (aussichtslos, ausgeschlossen von den Menschen und von Gott ...)
3. Warum sagt der Aussätzige: Herr, wenn du willst ...? (Er überlässt es Jesus, der der Herr ist.)
4. Wer wird bei uns ausgeschlossen? Was kann man tun?

15. Thema Jesus und die Sünderin (Joh 7,53-8,11)

Grundgedanke:
Es kommt zur Konfrontation zwischen Jesus und den Schriftgelehrten und Pharisäern. Diese wollen Jesus auf die Probe stellen. Lehnt er die Steinigung der Sünderin ab, so stellt er sich gegen das Gesetz des Mose. Stimmt er ihr zu, ist er gegen Gottes Liebe und Barmherzigkeit. Jesus löst die Falle, in dem er ihnen den Spiegel vorhält. Danach kommt es zur Begegnung zwischen Jesus und der Sünderin. Wenn er sie nicht verurteilt, heißt das nicht, dass er die Sünde klein redet. Er will, dass es einen Neuanfang gibt. Er fordert entschieden auf: Geh und sündige nicht mehr.

Liedvers: Geh und sündige nicht mehr, so will es Jesus.

Aufbauen: Weg B2, Weg B2, Steine B 61, Weg B2, Weg B2

Begriffe sprechen: Schrift-ge-lehr-te, Pha-ri-sä-er

Bildelemente: Jesus, Schriftgelehrte B59, Pharisäer B60, Sünderin B62, erlöste Frau (Rückseite) B63

Erzählvorschlag:
Jesus war in einer Stadt.
Da kamen Leute.
Es waren Schriftgelehrte, das sind Lehrer der heiligen Schrift,
und Pharisäer, das sind fromme Leute, die sich ganz genau an die Gesetze halten.
Sie brachten eine Sünderin, eine Frau, die sehr böse war.
Sie hatte ein sehr wichtiges Versprechen gebrochen.
Die Schriftgelehrten und Pharisäer stellten die Frau in die Mitte und sagten zu Jesus:
In unserem Buch steht, dass solche Frauen gesteinigt werden sollen.
Was sagst du?

Jesus wusste, dass sie ihm eine Falle stellen wollten.
Jesus bückte sich und schrieb mit dem Finger auf die Erde.
Sie fragten hartnäckig weiter: Nun, was sagst du? Sollen wir sie steinigen?
Da sagte Jesus zu ihnen:
Wer von euch ohne Sünde ist, der werfe als erster einen Stein auf sie.
Und Jesus bückte sich wieder und schrieb auf die Erde.

Als sie seine Antwort gehört hatten, ging einer nach dem anderen weg,
die Ältesten zuerst.

Jesus blieb alleine mit der Frau zurück.
Er sagte zu ihr:
Frau, wo sind sie? Hat dich keiner verurteilt?
Sie antwortete: Keiner, Herr!
Da sagte Jesus zu ihr: Auch ich verurteile dich nicht.
Geh und sündige von jetzt an nicht mehr!
Da ging sie erlöst weg.

Anordnung der Bildelemente:

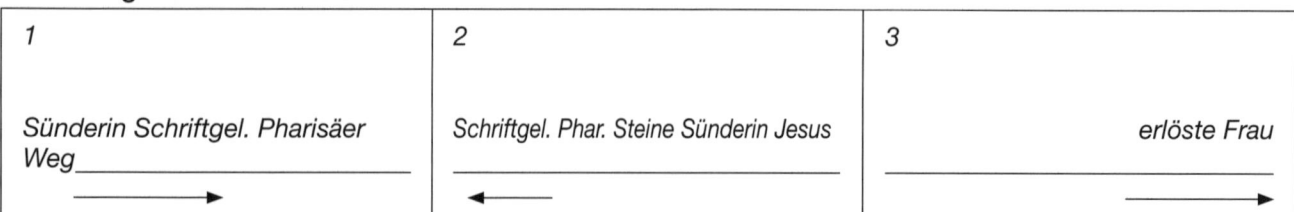

Erschließungsfragen:
1. Warum gingen die Schriftgelehrten und Pharisäer weg? (Sie hatten auch gesündigt.)
2. Was könnte Jesus auf die Erde geschrieben haben?
3. Jesus ist ohne Sünden. Er hätte werfen können. Warum wirft er nicht? (Er will die Menschen nicht bestrafen, sondern er will, dass sie umkehren.)
4. Menschen, die böse waren, nennt man Sünder. Was tun Menschen, die keine Sünder sind? (Gutes ...)

16. Thema Die Heilung eines Gelähmten (Mk 2,1-12)

Grundgedanke:
Der Kranke und seine Helfer überwinden große Hindernisse und zeigen damit ihren starken Glauben, ihr festes Vertrauen auf Jesus. Dieser verzeiht die Sünden, stößt aber auf Unverständnis bei den Schriftgelehrten. Mit der Heilung des Körpers unterstreicht er jedoch, dass er die Macht hat, die Seele zu heilen. Jesus befreit von der lähmenden Sünde und richtet die Menschen auf. In seiner Nähe gesundet das Leben.

Liedvers: Jesus heilt den lahmen Mann, er kann nun gehen.

Aufbauen: Weg B2, Weg B2, Weg B2, Weg B2, großes Haus (vier Balken) B64

Begriffe sprechen: Ka-far-na-um

Bildelemente: Jesus, Leute B21, Schriftgelehrte B59, Bahre B65, Gelähmter B66, Mann B67, Mann B68

Erzählvorschlag:
Jesus kam in eine Stadt, in der er oft war, sie hieß Kafarnaum. Dort ging er in ein Haus.
Und es versammelten sich so viele Leute (auch Schriftgelehrte), dass das ganz Haus voll wurde.
Alle wollten Jesus hören und er erzählte ihnen von seinem Vater und davon, was dieser will.

Da brachte man einen Gelähmten zu ihm.
Er lag auf einer Tragbahre und wurde von Männern getragen.
Es waren aber so viele Leute im Haus, dass sie ihn nicht zu Jesus bringen konnten.
Da stiegen sie auf das Dach und schlugen dort, wo Jesus stand, ein Loch in die Decke.
Dann ließen sie den Gelähmten auf seiner Tragbahre durch die Öffnung hinab,
genau vor die Füße von Jesus.

Als Jesus ihren Glauben sah
und merkte, wie sehr sie ihm vertrauten, sagte er zum Gelähmten:
Meine Sohn, deine Sünden sind dir vergeben.
Gott verzeiht dir alles, was du Böses gemacht hast.

Im Haus waren auch einige Schriftgelehrte.
Die dachten bei sich: Das kann Jesus nicht. Das darf er nicht. Er beleidigt Gott.
Nur Gott allein kann Sünden vergeben.
Jesus merkte, was sie dachten und sagte zu ihnen:
Was für Gedanken habt ihr in eurem Herzen?
Ist es leichter zu sagen: Deine Sünden sind dir vergeben!
Oder ist es leichter zu sagen: Steh auf, nimm deine Tragbahre und geh nach Hause?
Ich zeige euch, dass ich die Macht habe, Sünden zu vergeben.
Und er sagte zu dem Gelähmten:
Steh auf, nimm deine Tragbahre und geh nach Hause!

Der Mann stand sofort auf, nahm seine Tragbahre und ging nach Hause.
Da staunten alle. Sie lobten Gott und sagten: So etwas haben wir noch nie gesehen.

Anordnung der Bildelemente:

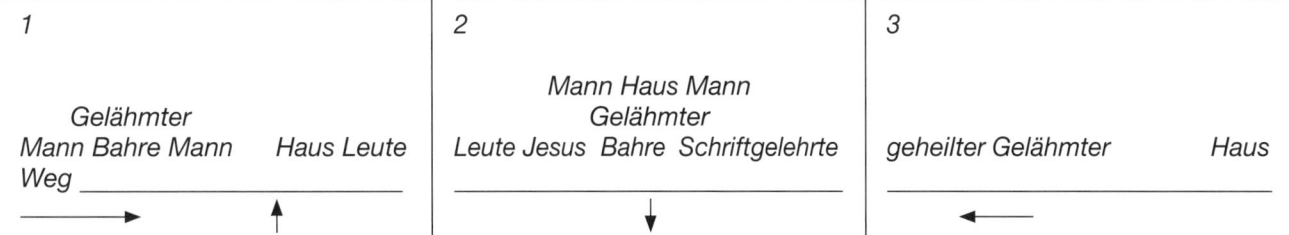

Erschließungsfragen:
1. Wohin kann ein Lahmer nicht gehen?
2. Was zeigt Jesus den Schriftgelehrten? (dass er auch Sünden vergeben kann)
3. Was könnte der Gelähmte Böses getan haben?
4. Kennst du jemanden, der lahm ist?
5. Sind wir auch manchmal wie gelähmt?

17. Thema — Jesus im Haus des Zöllners Zachäus (Lk 19,1-10)

Grundgedanke:
Zu Jesu Auftrag gehört es, das Verlorene zu suchen und zu retten. Daher wendet er sich Ausgeschlossenen wie Zachäus zu. Durch seine heilsame Begegnung verwandelt er den gläubigen Sünder. Viele reagieren mit Unverständnis. Jesus will zeigen, dass Gott die Rettung des Verlorenen am Herzen liegt.

Liedvers: Bei einem Zöllner kehrt er ein, und er isst mit ihm.

Aufbauen: Weg B2, Weg B2, Stadttor B72, Zollschranke B71, Weg B2, Baum B73, Weg B2

Begriffe sprechen: Za-chä-us, (Je-ri-cho)

Bildelemente: kleiner Zachäus B69, Jesus, Leute B33, gedeckter Tisch B70

Erzählvorschlag:
In der Stadt Jericho wohnte ein Mann, der hieß Zachäus.
Er war Zöllner und kassierte Geld von den Leuten, die in die Stadt kamen.
Für Personen und Waren musste nämlich am Stadttor Zoll bezahlt werden.
Einen Teil des Geldes gab der Zöllner den Römern ab, den anderen Teil behielt er für sich selbst.
Zachäus war sehr reich.
Für die Leute aber war er ein Betrüger. Sie schlossen ihn aus und wollten nichts mit ihm zu tun haben.

Jesus ging auf diese Stadt zu. Viele Leute kamen zu ihm.
Auch Zachäus wollte ihn gerne sehen, doch die vielen Leute versperrten ihm die Sicht.
Er war nämlich klein.
Da rannte er voraus und kletterte auf einen Feigenbaum.
So würde er Jesus sehen, wenn er dort vorbeikommen würde.

Als Jesu an die Stelle kam, blieb er plötzlich stehen.
Er schaute hinauf und sagte: Zachäus, komm schnell herunter!
Ich muss heute zu dir kommen. Ich will Gast in deinem Haus sein.
Zachäus konnte gar nicht fassen, dass Jesus gerade zu ihm zum Essen kommen wollte,
wo doch alle anderen ihn nicht mochten.
Er stieg schnell vom Baum herunter und nahm Jesus voll Freude bei sich auf.
Dann saßen sie am Tisch von Zachäus und aßen und tranken.
Als die Leute das sahen, regten sie sich auf und schüttelten den Kopf.
Sie sagten: Wie kann Jesus nur in das Haus eines Bösen gehen und sogar noch mit ihm essen?
Sie konnten nicht verstehen, was Jesus da tat.

Zachäus aber war glücklich, dass Jesus zu ihm gekommen war.
Er sagte: Herr, die Hälfte meines Geldes schenke ich den Armen,
und wenn ich jemandem zuviel weggenommen habe, dann gebe ich es vierfach zurück.
Da sagte Jesus: Heute hat Gott dich gefunden und geheilt.
Denn du gehörst auch zu Gott.
Ich bin nämlich gekommen, die Verlorenen zu suchen und zu retten.

Anordnung der Bildelemente:

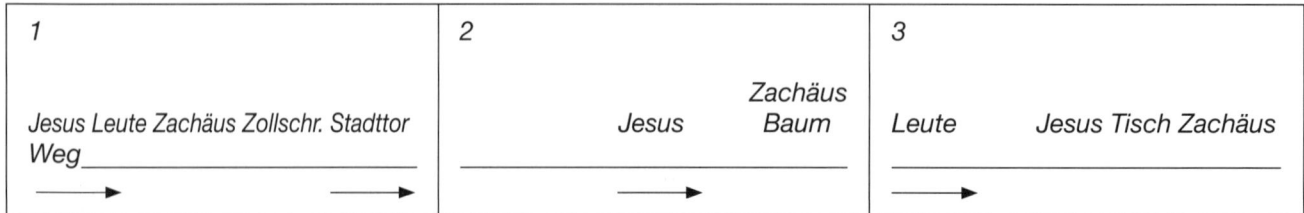

1	2	3
Jesus Leute Zachäus Zollschr. Stadttor Weg	Zachäus Jesus Baum	Leute Jesus Tisch Zachäus

Erschließungsfragen:
1. Warst du schon einmal auf einem Baum?
2. Warum steigt Zachäus auf den Baum? (Er will Jesus sehen, hat von ihm gehört, er ist klein, Überblick …)
3. Warum muss Jesus zu Zachäus kommen? (Jesus hat einen Auftrag, Gott hat ihn geschickt, er soll …)
4. Was verstehen die Leute nicht? (dass Jesus zu einem Sünder geht, Jesus will ihn doch gut machen …)
5. Warst du schon einmal ausgeschlossen und durftest dann wieder in die Gemeinschaft? Erzähle!

Hinweis:
Ein Muster-Arbeitsblatt zu diesem Thema befindet sich im Abschnitt „Sonstige Materialien" (siehe M16, S. 141).

| 18. Thema | **Das Gleichnis vom verlorenem Schaf** (Lk 15,1-7) |

Grundgedanke:
Die religiösen Führer empören sich darüber, dass Jesus sich mit Sündern und Zöllnern (sie galten als Sünder, weil sie mit den heidnischen Römern zusammenarbeiteten) abgibt. Doch gerade durch die Sendung Jesu zu Sündern und Ausgestoßenen äußert sich Gottes barmherzige Liebe. Mit diesem Gleichnis, das aus einem den Juden bekannten Lebensbereich kommt, will Jesus sein Verhalten den Pharisäern und Schriftgelehrten einsichtig begründen. Denn jeder gute Hirte würde so handeln, warum sollten sein Vater und er anders handeln?

Liedvers: Der Hirte trägt das Schäflein heim, das verloren war.

Aufbauen: Weg B2, Weg B2, Weg B2,
Weg B2, Weg B2, Weg B2

Begriffe sprechen: Schrift-ge-lehr-te, Pha-ri-sä-er

Bildelemente: Jesus, Zöllner und Sünder B74, Schriftgelehrte B59, Pharisäer B60
Hirte B76, neunundneunzig Schafe B75, ein Schaf B77

Erzählvorschlag:
Viele Zöllner und Sünder kamen zusammen, um Jesus zu hören.
Die Schriftgelehrten und Pharisäer ärgerten sich darüber.
Schriftgelehrte waren Lehrer der heiligen Schrift,
Pharisäer waren fromme Leute, die sich ganz genau an die Gesetze hielten.
Die Schriftgelehrten und Pharisäer sagten: Stellt euch vor, er gibt sich mit Sündern ab und isst sogar mit ihnen.
Wie kann er das nur tun?

Da erzählte Jesus ihnen eine Geschichte:
Da war ein Hirte, der hatte hundert Schafe.
Er zog mit seinen Schafen durchs Land.
Eines Tages merkte er, dass er ein Schaf verloren hatte.

Da ließ er die anderen 99 Schafe zurück und suchte das verlorene Schaf.
Er suchte und suchte.
Als er es gefunden hatte, nahm er es voll Freude auf seine Schultern und trug es heim.
Und als er nach Hause kam, rief er seine Freunde und Nachbarn zusammen
und sagte: Freut euch mit mir!
Mein Schaf war verloren und ich habe es wieder gefunden.

Da fragte Jesus die Schriftgelehrten und Pharisäer:
Versteht ihr die Geschichte?

Im Himmel wird große Freude sein, wenn ein Sünder umkehrt und gut wird.
Es wird mehr Freude sein über den einen, der umkehrt,
als über 99 gute Menschen, die nicht umkehren müssen.

Anordnung der Bildelemente:

1	2	3
Zöll. Sünd. Jesus Schriftgel. Pharisäer Weg_____	ein Schaf Schafe Hirte _____ →	ein Schaf Hirte Schafe _____ → ←

Erschließungsfragen:
1. Bestimmt hast du schon einmal eine Schafherde beobachtet. Was kann man da sehen?
2. Was macht ein guter Hirte mit seinen Schafen?
3. Was macht der Hirte in der Geschichte, die Jesus erzählt? (Er sucht das verlorene Schaf, freut sich, wenn er es gefunden hat, trägt es heim, feiert …)
4. Jesus will mit dieser Vergleichsgeschichte den Schriftgelehrten und Pharisäern etwas sagen. Wer ist wie der gute Hirte? (Jesus) Wer wie das verlorene Schaf? (Sünder und Zöllner) Wer ist wie die 99 Schafe? (Pharisäer und Schriftgelehrte)

19. Thema — Die Auferweckung der Tochter des Jairus (Lk 8,40-42, 49-55)

Grundgedanke:
Jesus zeigt sich nicht nur als Herr über die Krankheit, sondern auch über den Tod. Durch den stellvertretenden Glauben des Jairus, entgegen der Skepsis der Leute, erweckt der Meister - um Missverständnisse zu vermeiden, abgeschirmt von unbeteiligten Zuschauern - das Mädchen und holt sie zurück in das irdische Leben. Hier wird der Osterglaube zeichenhaft bereits vorweggenommen.

Liedvers: Jesus weckt ein Mädchen auf, das schon tot war.

Aufbauen: Weg B2, Weg B2, Weg B2, Weg B2, Weg B2, Haus B55

Begriffe sprechen: Ja-i-rus, Sy-na-go-ge

Bildelemente: Jesus, Jairus B78, Mann B79, Leute (Menschen) B20, drei Jünger (Petrus Johannes Jakobus) B83, Frau des Jairus B80, Bett B81, Mädchen (tot) B82, Mädchen (lebendig, Rückseite) B84

Erzählvorschlag:
Jesus war wieder mit seinen Jüngern unterwegs.
Er kam in die Nähe des Sees Gennesaret. Viele Menschen warteten schon auf ihn.
Da kam ein Mann, der hieß Jairus.
Er war der Vorsteher der Synagoge. Eine Synagoge ist ein Gebetshaus.
Jairus stand im Gebetshaus immer vorne und leitete den Gottesdienst.
Jairus fiel vor Jesus auf die Füße und sagte: Bitte komm in mein Haus.
Mein einziges Mädchen, es ist zwölf Jahre alt, ist sehr sehr krank und liegt im Sterben.

Jesus ging sogleich mit ihm.
Und als sie unterwegs waren, kam ein Mann, der im Haus des Synagogenvorstehers wohnte.
Er sagte: Jairus, deine Tochter ist gestorben.
Bemühe den Meister nicht länger. Jesus braucht nicht mehr zu kommen.

Jesus hörte das und sagte zu Jairus: Sei ohne Furcht, glaube nur, dann wird sie gerettet!
Dann gingen sie weiter.
Sie kamen an das Haus von Jairus.

Alle Leute, die da waren, klagten über den Tod des Mädchens.
Jesus aber sagte: Weint nicht! Sie ist nicht gestorben, sie schläft nur.
Da lachten die Leute ihn aus, weil sie wussten, dass das Mädchen tot war.

Jesus ging in das Haus.
Er ließ niemand hinein, nur Petrus, Johannes, Jakobus sowie Jairus und seine Frau.
Er ging an das Bett, fasste das Mädchen an der Hand und sagte: Mädchen, steh auf!
Da kehrte das Leben in das Mädchen zurück und sie stand sofort auf.
Und Jesus sagte, man solle ihr etwas zu essen geben.
Sie aß und trank und alle konnten sehen, dass sie wieder lebendig war.
Ihre Eltern konnten gar nicht fassen, was geschehen war.

Anordnung der Bildelemente:

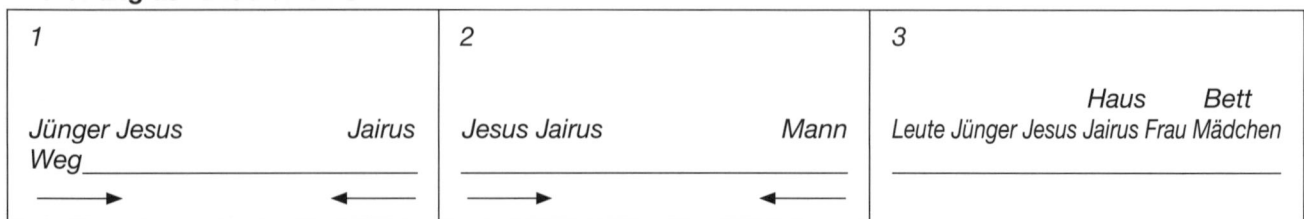

1	2	3
Jünger Jesus Jairus Weg ⟶ ⟵	Jesus Jairus Mann ⟶ ⟵	Haus Bett Leute Jünger Jesus Jairus Frau Mädchen

Erschließungsfragen:
1. Warum kommt Jairus zu Jesus? (Tochter krank, vertraut Jesus …)
2. Warum lachen die Leute Jesus aus? (Sie glauben nicht, dass Jesus sogar Tote erwecken kann.)
3. Ist bei dir schon jemand gestorben?
4. Jesus sagt zu Jairus: Sei ohne Furcht. Das sagt er auch zu uns. Versuche den Satz fertig zu stellen! Sei ohne Furcht, wenn …, denn …

| 20. Thema | **Jesus stillt den Sturm auf dem See** (Lk 8,22-25) |

Grundgedanke:
Jesu Befehlswort folgen auch die Naturgewalten. Jesus hilft seinen Jüngern, wenn sie von einem sicheren Ort durchs Ungewisse zum nächsten sicheren Ort unterwegs sind, selbst wenn ihnen das Wasser bis zum Hals stehen sollte. Gerade in der Bedrängnis sollten sie ein großes Vertrauen (Glauben) zu ihm haben, denn seine Macht reicht weiter als die der Menschen.

Liedvers: Wind und Wellen toben sehr. Er beruhigt sie.

Aufbauen: Weg B2, Ufer B87, Boot B86, Wellen B85, Wellen B85, Wellen B85, Wellen B85, anderes Ufer B88, Wellen B85, Wellen B85, Wellen B85, Wellen B85

Begriffe sprechen: See Gen-ne-sa-ret

Bildelemente: Jesus, Jünger B83

Erzählvorschlag:
Jesus war mit seinen Jüngern unterwegs.
Sie kamen an den See Gennesaret.
Er sagte zu ihnen:
Wir wollen an das andere Ufer des Sees fahren.
Und dann fuhren sie ab.

Während der Fahrt aber schlief Jesus ein.
Plötzlich brach über dem See ein Sturm los.
Die Wellen wurden immer heftiger
und das Wasser kam schon ins Boot.
Die Jünger bekamen große Angst.
Da traten sie zu Jesus hin,
weckten ihn und schrien:
Meister, Meister, wir gehen unter!

Da stand Jesus auf und drohte dem Wind und den Wellen:
Wind, hör auf! Wellen, seid ruhig!
Und sofort hörte der Wind auf und die Wellen waren ruhig.
Es wurde ganz still.
Dann tadelte Jesus seine Jünger und sagte:
Warum hattet ihr Angst?
Ich bin doch da!
Warum habt ihr kein Vertrauen zu mir?
Wo ist euer Glaube?

Die Jünger wunderten sich sehr und sagten:
Was ist das nur für ein Mensch, dass ihm sogar Wind und Wasser gehorchen?
Dann fuhren sie weiter ans andere Ufer.

Anordnung der Bildelemente:

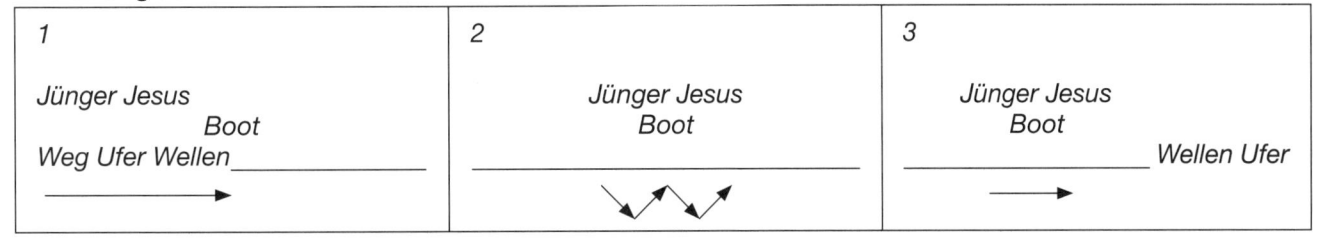

1	2	3
Jünger Jesus	Jünger Jesus	Jünger Jesus
Boot	Boot	Boot
Weg Ufer Wellen_____	_____	_____ Wellen Ufer
→	∿∿	→

Erschließungsfragen:
1. Bist du schon mal auf einem Schiff gefahren? Erzähle!
2. Warum tadelt Jesus die Jünger? (Sie hatten Angst, obwohl er im Boot war.)
3. Was ist Jesus für ein Mensch? (Er ist mehr als ein Mensch, Gottes Kraft ist in ihm.)
4. Hast du schon einmal richtig Angst gehabt? Wem konntest du da vertrauen?

21. Thema Jesus segnet die Kinder (Mk 10,13-16)

Grundgedanke:
Das Kleine und Schwache wird leicht beiseite geschoben. Bei Jesus ist es anders. Er stellt das Kind in die Mitte und nimmt es als Vorbild. Gerade weil das Kind ohne Verdienste, Macht, Ansehen, Reichtum und Sicherheit ist, kann es alles von Jesus, von Gott erwarten. Darin ist es ein Vorbild für die Erwachsenen. Wo Menschen wie Kinder auf Gott vertrauen, beginnt Gottes Reich. Wer Jesus wie ein Kind vertraut, erfährt Gottes liebevolle Zuwendung.

Liedvers: Lasst die Kinder zu mir her, ich will sie segnen.

Aufbauen: Weg B2, Weg B2, Weg B2, Weg B2

Begriffe sprechen: Reich Got-tes

Bildelemente: Jesus, Jünger B40, Leute (Mütter) B91, Kinder B89, Kind B90

Erzählvorschlag:
Jesus und die Jünger redeten miteinander.
Da kamen Leute.
Sie hatten Kinder dabei.
Sie wollten, dass Jesus sie mit seinen Händen berühre und segne.

Als die Jünger sahen, dass die Leute Kinder zu Jesus bringen wollten,
gingen sie zu ihnen hin und sagten unfreundlich:
Geht weg!
Kinder brauchen nicht zu Jesus, die sind noch zu klein.

Als Jesus das sah, wurde er zornig und sagte zu ihnen:
Hört auf!
Lasst die Kinder zu mir kommen!
Hindert sie nicht daran,
denn ihnen gehört das Reich Gottes.
Er nahm ein Kind, stellte es in die Mitte und sprach:
Ich sage euch:
Wer nicht so wie ein Kind
an das Reich Gottes glaubt,
wer nicht wie ein Kind darauf vertraut, dass Gottes gutes Reich kommt,
der wird es nicht erleben.

Und er nahm die Kinder in seine Arme,
dann legte er ihnen seine Hände auf und segnete sie.

Anordnung der Bildelemente:

1	2	3
Weg Jünger Jesus	Kinder Leute Kind Jünger	Leute Kinder Jesus Kind Jünger

Erschließungsfragen:
1. Hast du schon erlebt, dass du ganz wichtig warst?
2. Warum bringen die Leute die Kinder zu Jesus? (Sie vertrauen ihm, wollen die Freundschaft mit ihm …)
3. Warum ist Jesus über die Jünger verärgert? (Sie meinen, die Kinder sind für Jesus unwichtig.)
4. Wie ist es in dem Reich, in dem Gott der König ist? (wie im Himmel, die Menschen sind gerecht, liebevoll, friedlich …)
5. Bist du schon einmal gesegnet worden? Erzähle!

| 22. Thema | **Die Speisung der Fünftausend** (Lk 9,11-17) |

Grundgedanke:
Nicht eine historische Wahrheit ist das Zentrum dieses Brotwunders, sondern eine Botschaft. Sie lautet: Jesus ist der, der den Menschen, die ihn suchen, Nahrung gibt, nicht nur für den Leib, sondern vor allem für die Seele und zwar in Fülle. Dieses Geschenkwunder hat sein Vorausbild in der Mannaspeisung in der Wüste zur Zeit des Mose und sein Weiterwirken im eucharistischen Mahl der nachösterlichen Gemeinde.

Liedvers: Hungrig sitzen viele da. Jesus speist sie.

Aufbauen: Weg B2, Weg B2, Weg B2, Weg B2, Weg B2

Begriffe sprechen: fünf-tau-send

Bildelemente: Jesus, ein Jünger B38, Jünger B40, Leute B33, Junge B92,
Korb mit fünf Broten B93, Korb mit zwei Fischen B94, sechs Körbe B95, sechs Körbe B95

Erzählvorschlag:
Jesus zog sich mit seinen Jüngern zurück.
Er wollte mit ihnen alleine sein und ausruhen.

Aber die Leute hörten, wo er war und folgten ihm. Es kamen sehr, sehr viele.
Jesus empfing sie freundlich.
Er redete mit ihnen über das Reich Gottes
und heilte alle, die seine Hilfe brauchten.

Als es Abend wurde, kamen die Zwölf, die Jünger, zu Jesus und sagten: Schick die Menschen weg!
Sie sollen in die umliegenden Dörfer und Höfe gehen und dort Unterkunft und Essen finden.
Wir sind hier an einem ganz abgelegenen Ort.

Jesus antwortete: Gebt ihr ihnen zu essen!
Sie sagten: Ein Junge ist hier, er hat fünf Brote und zwei Fische.
Aber das ist zu wenig. Wir müssten erst weggehen und für all diese Leute Essen kaufen.
Es waren 5000 Männer, bestimmt auch viele Frauen und Kinder.

Jesus antwortete seinen Jüngern:
Sagt den Leuten, sie sollen sich in Gruppen zu ungefähr fünfzig zusammensetzen.
Die Jünger taten, was er ihnen sagte.
Dann ließ sich Jesus das bringen, was sie hatten.
Jesus nahm die fünf Brote und die zwei Fische,
blickte zum Himmel auf, segnete sie und brach sie,
dann gab er sie den Jüngern, damit sie diese an die Leute austeilten.

Alle aßen und wurden satt.
Als man die Stückchen, die übrig geblieben waren, aufsammelte, waren es zwölf Körbe (2 x 6) voll.

Anordnung der Bildelemente:

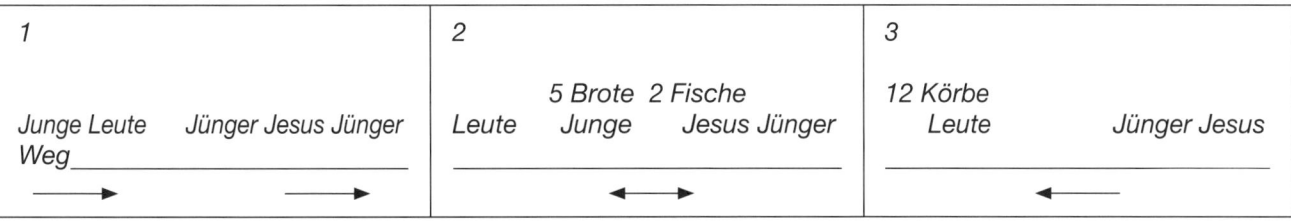

1	2	3
	5 Brote 2 Fische	12 Körbe
Junge Leute Jünger Jesus Jünger	Leute Junge Jesus Jünger	Leute Jünger Jesus
Weg_____		
→ →	←→	←

Erschließungsfragen:
1. Wie fühlt sich das an, wenn man hungrig ist? Wie, wenn man satt ist?
2. Was wollen die Jünger tun? (wegschicken)
3. Warum schickt Jesus die Menschen nicht weg? (Sie brauchen ihn, er gibt ihnen, was sie brauchen …)
4. Was braucht unser Körper, um satt zu sein? (Brot, Gemüse, Obst …)
5. Was braucht unsere Seele, unser Herz, um satt, um zufrieden zu sein? (Zuwendung, Lob, Freunde, gute Menschen, Gott …)

23. Thema Die Heilung des Mannes mit einer verdorrten Hand (Mk 3,1-6)

Grundgedanke:
Am heiligen Tag, im heiligen Haus, sollte das in der Mitte stehen, was Gott zu jeder Stunde will, nämlich das Heil des Menschen, insbesondere des bedürftigen. Eine hartherzige Gesetzesauslegung, die Barmherzigkeit verhindert, geht am Willen Gottes vorbei. Der Kern, der tiefere Sinn muss gesucht werden. Der Sabbat soll dem Menschen zu wahrem Menschsein verhelfen. Jesus stellt das, was Gott will, in Wort und Tat klar, selbst wenn er sich dadurch Feinde macht, die ihm sogar nach dem Leben trachten.

Liedvers: Jesus heilt die lahme Hand an einem Sabbat.

Aufbauen: Weg B2, Weg B2, Synagoge B31, Weg B2

Begriffe sprechen: Sab-bat, Sy-na-go-ge

Bildelemente: Jesus, Mann mit verdorrter Hand B96, Pharisäer B60, Mann mit gesunder Hand (Rückseite) B97

Erzählvorschlag:
Jesus war unterwegs.
Er ging an einem Sabbat, das ist der heilige Tag der Juden,
in eine Synagoge, das ist das Gebetshaus.
Da saß ein Mann.
Er hatte eine verdorrte Hand.
Er konnte sie nicht bewegen, sie war gelähmt, sie war wie abgestorben.

Die Pharisäer beobachteten Jesus. Wird er ihn heilen?
Pharisäer waren fromme Leute, die sich ganz genau an die Gesetze hielten.
Sie wollten ihn anklagen, denn für sie war es verboten, am Sabbat jemanden zu heilen.
Jede Arbeit war am Sabbat verboten, und auch das Heilen sahen sie als Arbeit.

Jesus sagte zu dem Mann mit der verdorrten Hand:
Steh auf und stell dich in die Mitte!
Der Mann kam und stellte sich in die Mitte.
Dann sagte Jesus zu den Pharisäern:
Was darf man am Sabbat tun? Gutes oder Böses?
Sie schwiegen.
Jesus sah sie der Reihe nach an, voll Zorn und voll Trauer, weil sie so ein hartes Herz hatten.
Dann sagte er zu dem Mann mit der verdorrten Hand:
Streck deine Hand aus!
Er streckte sie aus und sie war wieder gesund.
Der Mann konnte sie wieder frei bewegen.

Da gingen die Pharisäer hinaus
und beschlossen, Jesus umzubringen.

Anordnung der Bildelemente:

1	2	3
Synagoge Jesus Mann Weg ⟶	Synagoge Jesus Mann Pharisäer	Synagoge Pharisäer ⟶

Erschließungsfragen:
1. Was kann einer nicht, der eine lahme Hand hat?
2. Warum stellt Jesus den Kranken in die Mitte? (Für Gott ist der Mensch, der Hilfe braucht, ganz wichtig.)
3. Warum wollen sie ihn umbringen? (Er hat nicht getan, was die Pharisäer wollten.)
4. Warum hat Jesus nicht einen Tag später geheilt? (Er wollte zeigen, was Gott wichtig ist.)
5. Werden die Pharisäer und die andern Jesus umbringen? (Ja, das Kreuz wird kommen.)

24. Thema — Der Einzug in Jerusalem (Mk 11,1-11)

Grundgedanke:
Der Weg Jesu geht auf sein Ziel zu. Jerusalem ist Höhepunkt und Schlusspunkt seines Erdenlebens. Was kommt, erwächst aus der innigen Beziehung Jesu zu Gott. Alles ist so, wie Jesus es sagt. Er wählt den Esel, das schlichte Reittier des Messiaskönigs, so wie es beim Propheten steht. Dadurch kommt die demütige und friedvolle Weise seiner Herrschaft zum Ausdruck. Viele jubeln ihm noch zu, sie rufen Hosanna (d. h. Hilf doch!), doch bald werden sie rufen: Ans Kreuz mit ihm!

Liedvers: Mit dem Esel zieht er ein in Jerusalem.

Aufbauen: Weg B2, Weg B2, Weg B2, Weg B2, Stadttor von Jerusalem B99, Weg B2

Begriffe sprechen: Je-ru-sa-lem, Ho-san-na

Bildelemente: Jesus, zwei Jünger B38, Esel B98, Leute (Menschen) B33, Mantel B104, Mantel B104, Palmzweig B100, Palmzweig B100

Erzählvorschlag:
Jesus war mit seinen Jüngern unterwegs.
Er kam nun in die Nähe von Jerusalem.
Da schickte Jesus zwei seiner Jünger los.
Er sagte zu ihnen: Geht in das nächste Dorf.
Dort werdet ihr einen jungen Esel angebunden finden, auf dem noch nie ein Mensch gesessen hat.
Bindet ihn los und bringt ihn her!
Wenn euch jemand fragt: Was tut ihr da? dann sagt:
Der Herr braucht ihn und lässt ihn bald wieder zurückbringen.

Die beiden machten sich auf den Weg und fanden alles so, wie er es gesagt hatte.
Sie banden den Esel los und als einige Leute fragten, antworteten sie so, wie Jesus es gesagt hatte, und dann durften sie das Tier mitnehmen.

Sie brachten den jungen Esel zu Jesus.
Dann legten sie ihre Mäntel auf das Tier und er setzte sich darauf.
Jesus ritt auf die Stadt zu.
Viele Menschen waren da. Sie breiteten ihre Mäntel auf der Straße aus
und Jesus konnte wie auf einem Teppich darüber reiten.
Andere rissen Palmzweige von den Bäumen und streuten sie auf den Weg.

Die Leute, die dabeistanden, jubelten ihm zu:
Hosanna, gesegnet sei der, der kommt im Namen des Herrn!
Gesegnet sei das Reich, das nun kommt.
Hosanna in der Höhe!

Und Jesus zog nach Jerusalem hinein.

Anordnung der Bildelemente:

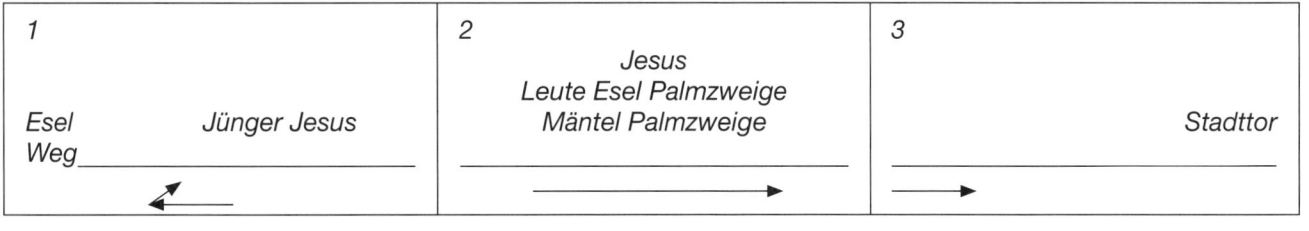

1	2	3
Esel Jünger Jesus Weg	Jesus Leute Esel Palmzweige Mäntel Palmzweige	Stadttor

Erschließungsfragen:
1. Wo hast du schon mal erlebt, dass Menschen gejubelt haben?
2. Wie zeigen die Menschen, dass sie Jesus verehren? (Mäntel hinlegen, Zweige streuen, Hosanna rufen)
3. Warum reitet Jesus nicht auf einem prächtigen Pferd, sondern auf einem Esel? (Er will kein prahlerischer Kriegskönig sein, sondern ein demütiger und friedlicher Herrscher.)
4. An einem Sonntag im Jahr erinnern sich die Christen an diese Geschichte. Wie machen sie das? (Palmsonntag, Palmkätzchen, Palmbuschen, Palmesel, Palmprozession, Palmbuschen hinters Kreuz ...)

25. Thema   Die Tempelreinigung (Mk 11,15-19)

Grundgedanke:
Im Vorhof des Tempels wurden Brot, Öl, Wein, Tauben und anderes verkauft, um dies im Tempel opfern zu können. Weil die im Umlauf befindlichen Münzen das Bild des verhassten römischen, heidnischen Kaisers trugen, wurde in jüdische Schekel getauscht. Dies war eine alte, wertvolle, weil nicht mehr geprägte Währung. Dadurch wurde das Opfern zu einer teuren Angelegenheit. Als Jesus den Tempelbetrieb sieht, wird er wütend. Gott ist kein Gott der Geschäfte und des Geldes, sondern einer des aufrichtigen Opfers, aber vor allem des andächtigen Gebetes.

Liedvers: Viele Händler treibt er fort aus dem Tempel.

Aufbauen: Weg B2, Weg B2, Vorhof des Tempels B107, Tempel B19, Weg B2

Begriffe sprechen: Ho-her Pries-ter

Bildelemente: Jesus, Händler B105, Ladentisch B106, Münzen B102, Händler B105, Ladentisch B106, Tauben B103, Hohe Priester B101

Erzählvorschlag:
Jesus war in Jerusalem. Er ging auf den Tempel zu.
Vielleicht stellte er sich vor, dass es dort ruhig ist und die Menschen beten.

Als er zum Tempel kam, sah er, dass im Tempelhof viele Händler mit Ladentischen waren.
Sie verkauften Tauben, die man opfern konnte,
und sie wechselten Geld, damit die Leute die Opfergaben zahlen konnten,
denn im Tempel waren nur bestimmte Münzen erlaubt.

Jesus ging in den Tempel
und warf die Tische der Geldwechsler und die Stände der Taubenverkäufer um.
Er trieb die Händler hinaus und ließ nicht zu, dass irgendjemand etwas durch den Tempelhof trug.

Zu den Leuten sagte Jesus:
Habt ihr nicht gelesen, was in der Heiligen Schrift steht?
Mein Haus soll ein Haus des Gebetes für alle sein.
Was habt ihr daraus gemacht?
Ihr habt daraus eine Räuberhöhle gemacht!

Die Hohen Priester, die obersten der Priester hörten davon.
Sie waren wütend über das, was Jesus getan hatte.
Da überlegten sie, wie sie ihn fangen und umbringen könnten.
Sie hatten aber Angst vor den Leuten, weil viele von dem begeistert waren, was Jesus sagte.

Anordnung der Bildelemente:

1	2	3
Münzen Tauben Jesus Händler Tisch Händler Tisch Weg_____ Vorhof_____ →	Jesus Händler _____ Tempel →	Hohe Priester Tempel Weg_____

Erschließungsfragen:
1. Warum wollen die Hohen Priester Jesus töten? (… weil Jesus sich in ihre Angelegenheiten einmischt)
2. Hat Jesus etwas Böses getan? (Er hat sich für das Haus Gottes eingesetzt. Für Gott hat er etwas Gutes getan, die Händler und die Hohen Priester sehen das aber anders.)
3. Was darf man im Gotteshaus, in der Kirche, nicht tun?
4. Was soll man im Gotteshaus tun?

26. Thema Das Letzte Abendmahl (Mk 14,12-25)

Grundgedanke:
Ein letztes Mal versammelt Jesus seine Jünger vor seinem Tod um den Tisch. Sie feiern das Paschamahl, das die Juden zur Erinnerung an die Rettung aus der Sklaverei in Ägypten jährlich begingen. Dass Jesus im Voraus weiß, wie alles kommen wird, deutet auf seine Größe, seine bewusste Annahme des Weges und die enge Verbindung zu seinem liebenden Vater hin, dem er bis zum Schluss die Treue hält. Einer aus seinem engsten Kreis verrät ihn. Jesus isst und trinkt mit den Jüngern und stärkt dadurch die Gemeinschaft. Er gibt dem Paschamahl eine neue Bedeutung. Brot und Wein werden nun zum Zeichen für ihn selbst, für sein Leben, sein Sterben, seine Selbsthingabe. Jesus ist es, der nun aus Sünde und Tod errettet, den Neuen Bund schließt und Hoffnung auf die Vollendung des Reiches Gottes eröffnet. Dieses Mahl wird an ihn erinnern und wird zum Zeichen seiner Gegenwart. Es ist die Zusammenfassung seines Werkes.

Liedvers: Mit den Jüngern feiert er das Letzte Abendmahl.

Aufbauen: Weg B2, Weg B2, Weg B2, Weg B2, großer Tisch B108 und B109

Begriffe sprechen: (Pas-cha-fest), Ju-das

Bildelemente: Jesus, 12 einzelne Jünger B110 bis B121, Schale mit Brot B122, Kelch mit Wein B123

Erzählvorschlag:
Es kam ein Fest, das Paschafest.
Da erinnerten sich die Juden daran, dass Gott sie vor langer Zeit aus der Unterdrückung in Ägypten gerettet hat.
Jesus wollte dieses Fest mit seinen Jüngern feiern. Alle zwölf Jünger waren da, 1, 2, 3, …
Jesus schickte zwei Jünger voraus, um alles vorzubereiten.
Er sagte: Ihr werdet einen Mann mit einem Wasserkrug treffen, der wird euch alles zeigen.
Und alles geschah, wie Jesus es gesagt hatte.

Als es Abend wurde, setzten sich alle an den Tisch.
Jesus sagte: Ich bin heute den letzten Abend mit euch zusammen.
Einer von euch wird mich verraten und mich ausliefern.
Da wurden die Jünger traurig und fragten: Doch nicht etwa ich?

Während des Mahles nahm er das Brot, sprach den Lobpreis,
brach das Brot, reichte es ihnen und sagte: Nehmt, das ist mein Leib (das bin ich).
Und alle nahmen von dem Brot und aßen.
Dann nahm er den Kelch, sprach das Dankgebet,
reichte ihn den Jüngern und sie alle tranken daraus.
Und er sagte zu ihnen: Das ist mein Blut (mein Leben), das Blut des Bundes, das für viele vergossen wird.
Und alle tranken von dem Wein.
Dann sagte er: Tut dies zu meinem Gedächtnis (Tut dies immer wieder und erinnert euch an mich)!

Nach dem Gebet gingen sie hinaus.
Einer der Jünger, nämlich Judas, ging weg. Er sagte den Hohen Priestern, wo sie Jesus finden können.

Anordnung der Bildelemente:

1	2	3
Jünger Jesus 2 Jünger Weg ⟶	Jünger Jesus Jünger Schale Kelch _____ Tisch _____	ein Jünger ⟶

Erschließungsfragen:
1. Warum kommen die Jünger zusammen? (Paschafest, Jesus will mit ihnen essen, feiern, Gemeinschaft haben)
2. Man nennt dieses Essen das Letzte Abendmahl. Warum? (Abend, Mahl, Abschied)
3. Was können die Jünger in ihrem Herzen spüren, wenn sie dieses Brot essen und den Wein trinken? (Jesus, ihn selbst, seinen Leib, sein Leben, sein Blut, eine innere Verbindung mit ihm)
4. Es gibt einen Tisch, auf dem jeden Sonntag Brot und Wein steht. Hast du das schon einmal gesehen? (…)
5. Wann darfst du zum ersten Mal von diesem besonderen Brot essen? (Heilige Erstkommunion …)

27. Thema   Die Leidensgeschichte (Mk 14,26-15,47)

Vorbemerkungen:
In der Reihe der Jesusgeschichten stellt der Bericht über sein Leiden und Sterben eine Besonderheit dar. Er ist der tragische Gipfel, auf den alle bisherigen Geschichten zulaufen. Aus didaktischen Gründen sollen die wesentlichen Aspekte der Leidensgeschichte ohne Unterbrechung erzählt werden, damit die Kinder den gesamten Spannungsbogen miterleben können. Im Blick auf das kindliche Empfinden sollte sachlich erzählt werden, das Leid nicht unnötig ausgemalt und nicht ohne die Hoffnung auf Ostern abgeschlossen werden. Wegen der begrenzten Auffassungsfähigkeit der Kinder müssen bestimmte Aspekte entfallen (Verleugnung des Petrus, Simon von Zyrene, Verbrecher am Kreuz ...), um das Wesentliche nicht zu verstellen. Da die Geschichte sehr umfangreich ist, erzählen sie die Kinder nicht nach, sondern benennen und beschreiben nur die einzelnen Personen und Gegenstände.

Grundgedanke:
Jesus geht den Weg des Leidens. Betend nimmt er den Willen des Vaters an und trägt das Unabänderliche. Er lässt zu, dass er gefangen genommen und vor Gericht gestellt wird. Er erduldet die Verspottung. Er wird verurteilt, weil er sich als Gottes Sohn bekennt. Das empfinden die damaligen jüdischen Führer im Hohen Rat als Gotteslästerung. Sie versuchen, ein Todesurteil durch Pilatus zu erreichen. Obwohl dieser von der Unschuld Jesu überzeugt ist, verurteilt er ihn auf Drängen des Volkes und seiner Führer zu einem Tod am Kreuz, als wäre er ein Verbrecher. Am Kreuz gibt Jesus sein Leben in Gottes Hände zurück. Ein Gerechter legt ihn ins Grab.

Liedvers: Jesus trägt das schwere Kreuz und muss sterben (leise und traurig gesungen).

Aufbauen: Ölberg B126, Weg B2, Weg B2, Platz B127, Weg B2, Platz B127, Weg B2, Berg Golgota B128, Weg B2

Begriffe sprechen: Pi-la-tus, Gol-go-ta

Bildelemente: Jesus, Jünger B110, Jünger B111, Jünger B112, Soldaten B129, Judas B121, Hoher Rat B131, Pontius Pilatus B132, Leute B21, Kreuz B134, traurige Frauen B130, Jesus ohne Gewand B135, Josef von Arimathäa B133, Grab B125 mit Rollstein B124

Erzählvorschlag:

1. Jesus betet im Garten Getsemani
Jesus ging hinaus aus der Stadt und seine Jünger folgten ihm.
Sie gingen zum Ölberg, das ist ein Berg, auf dem viele Olivenbäume wachsen; aus den Oliven stellt man Öl her.
Dann sagte Jesus zu den Jüngern: Betet! Er selbst ging ein Stück weiter und betete:
Vater, wenn es möglich ist, nimm diesen Kelch, diese Leiden, von mir!
Aber nicht mein, sondern dein Wille geschehe!
Da kam ein Engel vom Himmel und gab ihm Kraft.
In seiner Angst betete er noch mehr und sein Schweiß tropfte wie Blut auf die Erde.
Nach dem Gebet stand er auf und ging zu den Jüngern zurück.
Sie schliefen. Er sagte zu ihnen: Wie könnt ihr nur schlafen in dieser Nacht?

2. Jesus wird gefangen genommen
Plötzlich kamen Soldaten und einer der Jünger ging ihnen voran. Es war Judas.
Er näherte sich Jesus und wollte ihn küssen.
Da sagte Jesus zu ihm: Judas, mit einem Kuss verrätst du mich?
Zu den Soldaten sagte Jesus: Mit Schwertern und Knüppeln seid ihr ausgezogen wie gegen einen Räuber.
Als ich bei euch im Tempel war, habt ihr nicht gewagt, mich gefangen zu nehmen.
Sie nahmen ihn fest und brachten ihn dorthin, wo der Hohe Rat war.
Der Hohe Rat war das oberste Gericht der Juden. Er konnte jemanden verurteilen oder freisprechen.

3. Der Hohe Rat verhört Jesus
Jesus war nun an dem Platz, wo der Hohe Rat die Gerichtsverhandlung abhielt. Die Soldaten verspotteten Jesus.
Sie verdeckten sein Gesicht, schlugen ihn und fragten: Sag uns, wer hat dich geschlagen?
Und vieles andere musste er über sich ergehen lassen.
Dann wurde Jesus vor den Hohen Rat gebracht.
Er bestand aus den Hohen Priestern, aus Schriftgelehrten, Pharisäern und den Ältesten.
Sie fragten ihn: Bist du der Messias, der Sohn Gottes? Jesus antwortete: Ich bin es.
Da riefen sie. Du lügst! Was brauchen wir jetzt noch Zeugen?

4. Jesus steht vor Pilatus
Der Hohe Rat der Juden durfte kein Todesurteil aussprechen.
Da brachten sie Jesus zu Pontius Pilatus, dem obersten der römischen Soldaten.
Es versammelten sich viele Leute. Die Führer der Juden klagten Jesus an:

Dieser Mensch verführt das Volk und gibt sich als Messias und König aus.
Pilatus fragte ihn: Bist du der König der Juden?
Jesus antwortete ihm: Ja.
Pilatus sagte zu den Hohen Priestern und zu den Leuten: Ich kann keine Schuld feststellen.
Sie antworteten: Er ist schuldig, er bringt das ganze Volk durcheinander.
Pilatus sagte: Er hat nichts getan, wofür er den Tod verdient. Ich lasse ihn auspeitschen und dann wird er freigelassen.
Da schrien alle: Weg mit ihm, kreuzige ihn! Lass den Barabbas frei! Dieser aber war ein Aufrührer und Mörder.
Pilatus sagte: Was für ein Verbrechen hat er denn begangen? Ich werde ihn freigeben.
Sie aber schrien noch lauter: Ans Kreuz mit ihm!
Da entschied Pilatus, dass Barabbas freigelassen werde. Jesus aber übergab er zur Kreuzigung.

5. Jesus wird gekreuzigt
Die Soldaten führten Jesus ab.
Sie luden ihm das Kreuz auf seine Schultern und er musste es aus der Stadt hinaus tragen.
Eine Menge Menschen folgte ihm. Auch Frauen waren dabei. Sie klagten und weinten.
Sie kamen zu einem Berg, der Golgota hieß.
Die Soldaten nahmen Jesus das Gewand weg. Dann kreuzigten sie ihn.
Jesus aber betete: Vater, vergib ihnen, denn sie wissen nicht, was sie tun.
Einige verspotteten ihn: Anderen hat er geholfen, sich selbst kann er nicht helfen.
Über dem Kreuz war eine Tafel angebracht, dort stand: INRI das bedeutet: Jesus von Nazaret, König der Juden.
Etwa um die sechste Stunde, das ist um 12 Uhr, kam eine Finsternis über das ganze Land, sie dauerte bis zur 9. Stunde.
Dann rief Jesus laut: Vater, in deine Hände lege ich meinen Geist, mein Leben. Nach diesen Worten starb er.
Der Soldat, der das sah, sagte: Dieser Mensch war unschuldig.
Alle anderen Leute schlugen sich an die Brust und gingen betroffen weg.
Ein Stück entfernt vom Kreuz standen die Frauen, die ihm gefolgt waren und sahen alles mit an.

6. Jesus wird begraben
Josef von Arimathäa war ein Mitglied des Hohen Rates. Er hatte aber nicht zugestimmt, als Jesus verurteilt wurde.
Er war gut und gerecht und wartete auf das Reich Gottes.
Er ging zu Pilatus und bat ihn um den Leichnam, den toten Körper Jesu.
Und er nahm Jesus vom Kreuz, hüllte ihn in ein Leinentuch und legte ihn in ein Felsengrab,
in dem noch nie jemand bestattet worden war. Das war am Freitag, kurz bevor der Sabbat begann.
Die Frauen begleiteten ihn und sahen zu, wie der Leichnam ins Grab gelegt wurde.
Dann kehrten sie heim und bereiteten wohlriechende Salben und Öle, um ihn später zu salben.
Am Tag danach, am Sabbat, ruhten sie, denn da war es verboten, zum Grab zu gehen.
Als sie dann am Sonntagmorgen zum Grab gingen, geschah etwas ganz Wunderbares.

Anordnung der Bildelemente:

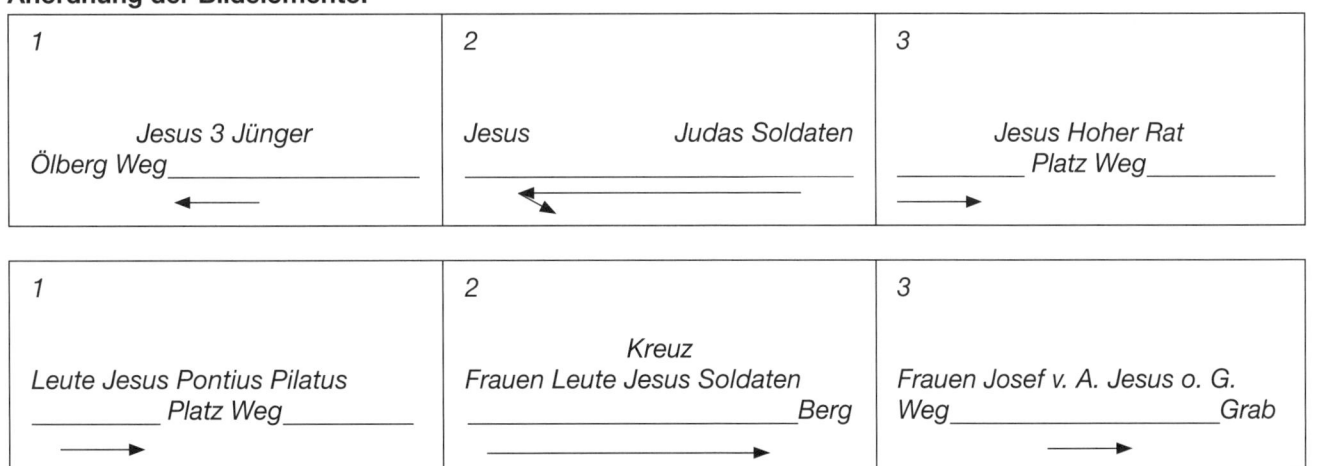

1	2	3
Jesus 3 Jünger *Ölberg Weg_____* ←	*Jesus Judas Soldaten* _____ ←	*Jesus Hoher Rat* *_____ Platz Weg_____* →

1	2	3
Leute Jesus Pontius Pilatus *_____ Platz Weg_____* →	*Kreuz* *Frauen Leute Jesus Soldaten* _____Berg →	*Frauen Josef v. A. Jesus o. G.* *Weg_____Grab* →

Erschließungsfragen:
1. Was ist nun mit Jesus geschehen?
2. Was betet Jesus? (Lass … vorübergehen; nicht wie ich will …; vergib …; in deine Hände …)
3. Wer hat Jesus verurteilt? (der Hohe Rat … Pontius Pilatus, Volk …)
4. Wenn wir das Kreuz in unserm Klassenzimmer betrachten, können wir sehen …
5. Musstest du schon einmal etwas erleiden?

Hinweis:
Ein Muster-Arbeitsblatt zu diesem Thema befindet sich im Abschnitt „Sonstige Materialien" (siehe M17, S. 141).

28. Thema — Die Frauen am leeren Grab (Lk 24,1-12)

Grundgedanke:
Die Auferstehung ist das Zentrum des Glaubens; sie zu verstehen, ist aber nicht einfach. Das leere Grab ist noch kein Beweis. Letztendlich ist die Botschaft der Auferstehung mit naturwissenschaftlich-logischen Argumenten nicht beweisbar. Sie kommt von Gott her (Engel) und kann nur im Glauben angenommen werden. Dennoch ist gerade sie die entscheidende Botschaft des christlichen Glaubens. Das Zeugnis der Schrift, wie es Lukas hier darlegt, lädt dazu ein, dem Auferstandenen zu trauen und das Leben in der Gewissheit der Auferstehung zu wagen. Die christliche Gemeinde bringt mit dem Halleluja-Ruf (zu deutsch: preist Jahwe, lobet Gott) die Freude über die Auferstehung zum Ausdruck.

Liedvers: Jesus lebt, Halleluja, Halleluja (kräftig und froh gesungen).

Aufbauen: Weg B2, Weg B2, Weg B2, Weg B2, Grab B125, Rollstein B124

Begriffe sprechen: Mag-da-la, Hal-le-lu-ja

Bildelemente: drei Frauen B136, zwei Männer (Engel) B137, Jünger (die Elf) B138

Erzählvorschlag:
Am ersten Tag der Woche gingen <u>Frauen</u> in aller Früh zum Grab.
Sie hatten wohlriechende Salben mitgenommen.
Unterwegs überlegten sie:
Wer wird uns wohl den schweren Stein vom Grab wälzen?
Doch als sie näher kamen, sahen sie, dass der Stein schon weggewälzt war.
Sie gingen in das Grab hinein, fanden aber den Leichnam Jesu nicht.

Als sie ratlos dastanden, kamen plötzlich <u>zwei Männer</u> mit leuchtenden Gewändern zu ihnen.
Die Frauen erschraken und blickten zu Boden.
Die Männer aber sagten: Was sucht ihr den Lebenden bei den Toten?
Jesus ist nicht mehr tot, er lebt.
Als er noch in Galiläa war, hat er doch selbst gesagt,
er wird den Bösen in die Hände fallen, sie werden ihn kreuzigen, er aber wird am dritten Tag auferstehen.
Da erinnerten sich die Frauen an das, was Jesus gesagt hatte.

Sie verließen das Grab und berichteten alles den <u>Elf</u> und den übrigen.
Es waren Maria aus Magdala, Johanna und Maria, die Mutter des Jakobus.
Doch die Jünger hielten das alles für Geschwätz und glaubten den Frauen nicht.

Anordnung der Bildelemente:

1	2	3
Frauen Weg →	Frauen Engel Grab Rollstein	Jünger Frauen ←

Erschließungsfragen:
1. Was erwarteten die Frauen, als sie zum Grab gingen und was erfuhren sie? (Jesus tot, Grab verschlossen) (Grab offen, Engel, Jesus lebt)
2. Warum glauben die Jünger den Frauen nicht? (Die Nachricht ist unfassbar.)
3. Diese Geschichte erklärt, warum die Christen den Sonntag als heiligen Tag haben. Warum? (Die Frauen erfuhren am ersten Tag der Woche, am Sonntag, dass Jesus auferstanden ist.)
4. Dieses Ereignis wird an einem großen Fest gefeiert. Was weißt du darüber? (Osterfest, Ferien, Ostereier....
5. Was geschieht mit unseren Toten? (Wir glauben, vertrauen darauf, dass sie wie Jesus auferstehen.)

29. Thema — Die Fest- und Gedenktage der Karwoche

Vorbemerkungen:
Mit dieser Unterrichtsstunde wird die Abfolge der Jesuserzählungen unterbrochen. Sie findet am besten kurz vor oder kurz nach dem Osterfest statt. Sie soll den Kindern verdeutlichen, an welchen Fest- und Gedenktagen an welche Jesusgeschichten erinnert wird. Wegen des anderen Inhaltstyps muss sich auch die Grundstruktur des Stundenablaufs ändern. Die Gestaltung der Unterrichtsstunde wird für diese und die nächste Unterrichtseinheit gesondert angegeben.

Grundgedanke:
Es werden die Festtage der Karwoche benannt, in der Reihenfolge geordnet und der biblische Bezug hergestellt.

Gestaltung der Unterrichtsstunde:
Zu Beginn der Unterrichtsstunde werden in gewohnter Weise die Liedstrophen gesungen und die entsprechenden Fragen beantwortet.
Im Sitzkreis werden anschließend die einzelnen Wortkarten und Bilder in die Mitte des Kreises gelegt (im Stapel, Schrift und Bild nach unten). Folgende Reihenfolge der Bild- und Wortkarten (die durch Vergrößerung der Arbeitsblatt-Elemente hergestellt werden, siehe Arbeitsblatt M1) wird vorgeschlagen: Abendmahlsbild, Osterbild, Einzug in Jerusalem, Kreuz, Karfreitag, Palmsonntag, Gründonnerstag, Ostern, Überschrift.

Anschließend darf ein Kind eine Bildkarte aufdecken, ein anderes die entsprechende Geschichte kurz erzählen. Danach werden die Wortkarten aufgedeckt, gelesen und den Bildkarten zugeordnet.
Nun werden Bild- und Wortkarten in eine Reihenfolge gebracht, wie sie dem Ablauf des Kirchenjahres entsprechen. Zum Schluss wird die Überschrift überlegt und dann die Karte aufgedeckt. Anschließend werden die entsprechenden Liedverse zu den jeweiligen Festen gesungen.
Falls die Kinder Erfahrungen mitbringen, können sie zum Brauchtum des jeweiligen Tages erzählen.
Danach sollen sie sich die Feste in der richtigen Reihenfolge einprägen.
Anschließend nimmt die Lehrkraft eine Wortkarte nach der anderen weg, dann eine Bildkarte nach der anderen. Die Schüler/innen versuchen bei jedem Schritt die Reihenfolge der fünf Feste – zum Schluss ohne Wort- und Bildkarte – auswendig aufzusagen, einschließlich der Überschrift.
Als Abrundung können nochmals alle vier Liedverse in der richtigen Reihenfolge gesungen werden.
Abschließend wird das Thema in einem Hefteintrag, der mit dem Bodenbild identisch ist, gesichert (Wort- und Bildkarten mit Magneten an der Tafel befestigen bzw. vormalen oder Arbeitsblatt gestalten).

30. Thema — Die Bedeutung der Osterkerze

Vorbemerkungen:
Auch diese Unterrichtsstunde unterbricht die Abfolge der Jesuserzählungen. Sie soll den Kindern die Osterkerze, als wichtiges Symbol der Auferstehung, nahe bringen. Durch die Beschäftigung mit diesem Symbol können sich die Kinder auf eine nochmals andere Weise (nach den biblischen Geschichten und den Fest- und Gedenktagen der Karwoche) mit Leiden, Tod und Auferstehung auseinandersetzen und zugleich Bezüge zum Gotteshaus und zur Osternachtfeier herstellen.

Grundgedanke:
Die einzelnen Elemente der Osterkerze und ihre Bedeutung kennen lernen

Gestaltung der Unterrichtsstunde:
Zu Beginn der Unterrichtsstunde werden in gewohnter Weise die Liedstrophen gesungen und die entsprechenden Fragen beantwortet.

Im Sitzkreis wird eine Kerze aus Papier (Arbeitsblatt M2 vergrößert, ohne Flamme und Symbolelemente) in die Mitte gelegt. Um die Kerze herum liegen die einzelnen Elemente, die sich auf der Osterkerze befinden. Sie sind aus rotem Tonpapier ausgeschnitten. Im erarbeitenden Gespräch sollen die Kinder entdecken und verstehen, welches Element welche Aussage hat und zugleich das entsprechende Element auf die Kerze legen. Lehrer/in:

Welches Element könnte daran erinnern, dass Jesus sterben musste?	Kreuz …
Welche Elemente erinnern daran, dass Jesus leiden musste?	Nägel (Wunden) …
Welches Element erinnert daran, dass Jesus auferstanden ist?	Kerzenflamme …
Welches … dass wir ca. 2000 Jahre nach seiner Geburt daran denken?	Jahreszahl …
Welches …dass wir bekennen, dass er für uns alles ist, von A-Z alles.	Alpha und Omega …

Wo es möglich ist, wird der entsprechende Liedvers gesungen. Anschließend wird erzählt, was in der Osternacht mit der Kerze gemacht wird…, dass sie immer in der Kirche bleibt…
Wo es möglich ist, können auch kleine Osterkerzen aus Tonpapier oder gar aus Wachs gestaltet werden. Ansonsten wird das Arbeitsblatt ausgestaltet oder die Darstellung der Osterkerze von der Tafel ins Heft übertragen.

31. Thema — Die Begegnung mit dem Auferstandenen auf dem Weg nach Emmaus (Lk 24,13-35)

Grundgedanke:
In der längsten und wohl schönsten Ostererzählung werden Jüngern, die wie blind sind, die Augen geöffnet. Der Auferstandene deutet mit Hilfe der Schrift ihre Trauer und Enttäuschung und gibt sich ihnen im Brotbrechen zu erkennen. Daraufhin verkünden sie die Botschaft den anderen Jüngern, die sie schon wissen. Die Emmaus-Geschichte kann als Bild für den Wort- und Mahlgottesdienst der christlichen Gemeinde gesehen werden.

Liedvers: Jesus geht nach Emmaus mit, und er bricht das Brot.

Aufbauen: Jerusalem B22, Weg B2, Weg B2, Weg B2, Weg B2, Dorf (Emmaus) B1

Begriffe sprechen: Em-maus

Bildelemente: ein Jünger B141, ein Jünger B141, auferstandener Jesus (Fremder) B139, Tisch B140, Brot B142, mehrere Jünger B138

Erzählvorschlag:
Zwei Jünger gingen von Jerusalem weg zu einem Dorf, das Emmaus hieß. Sie mussten mehrere Stunden gehen. Sie waren traurig und sprachen miteinander über das, was in Jerusalem am Kreuz mit Jesus geschehen war.

Während sie miteinander redeten, kam einer und ging mit ihnen.
Sie waren wie blind und erkannten nicht, wer es war. Der Fremde fragte sie: Was redet ihr da?
Da blieben sie traurig stehen und einer von Ihnen, er hieß Kleopas, antwortete:
Bist du der einzige in Jerusalem, der nicht gehört hat, was hier geschehen ist?
Er fragte: Was denn? Sie antworteten: Das mit Jesus von Nazaret.
Er kam von Gott und hat Großes getan und gesagt. Doch unsere Hohen Priester und Führer haben ihn verurteilt und ans Kreuz schlagen lassen. Wir hofften, dass er der Erlöser, der Messias sei, dass er uns retten werde.
Und heute ist schon der dritte Tag, dass dies alles geschehen ist.
Einige Frauen haben zwar gesagt, dass das Grab leer war, aber wir wissen nicht, was das bedeuten soll.

Da sagte er zu ihnen: Begreift ihr denn nicht? Fällt es euch so schwer zu glauben, was im Heiligen Buch steht?
Dort steht, dass der Messias leiden muss, um so in die Herrlichkeit einzugehen.
Und er erklärte ihnen die Heilige Schrift und alles, was über den Messias geschrieben stand.

So erreichten sie das Dorf, zu dem sie unterwegs waren.
Der Fremde tat, als wolle er weitergehen, aber sie baten ihn: Bleib doch bei uns; es will Abend werden und der Tag hat sich schon geneigt. Da ging er mit ihnen, um bei ihnen zu bleiben.

Und als er sich mit ihnen zum Essen an den Tisch gesetzt hatte, nahm er das Brot, sprach den Segen, brach es und gab es ihnen. Da gingen ihnen die Augen auf und sie erkannten ihn. Es war der auferstandene Jesus.
Im selben Augenblick war er nicht mehr zu sehen. Und sie sagten zueinander:
Brannte uns nicht das Herz, als er unterwegs mit uns redete und uns den Sinn der Heiligen Schrift erklärte?

Noch in derselben Stunde brachen sie auf und kehrten nach Jerusalem zurück. Sie fanden die Jünger versammelt.
Diese sagten: Der Herr ist wirklich auferstanden und dem Simon Petrus erschienen.
Da erzählten auch sie, was sie unterwegs erlebt und wie sie ihn erkannt hatten, als er das Brot brach.

Anordnung der Bildelemente:

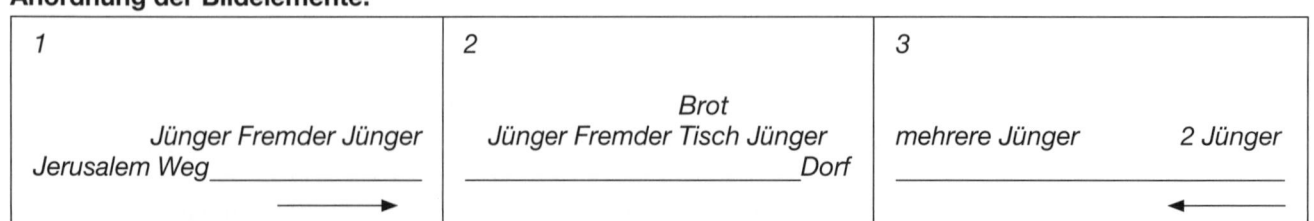

1	2	3
Jünger Fremder Jünger Jerusalem Weg ⟶	Brot Jünger Fremder Tisch Jünger _____Dorf	mehrere Jünger 2 Jünger ⟵

Erschließungsfragen:
1. Hat sich bei dir schon mal Trauer in Freude verwandelt?
2. Die Jünger waren wie blind, dann sind ihnen die Augen aufgegangen. Was heißt das? (Jesus nicht …)
3. Warum erkennen sie ihn zuerst nicht? (Der auferstandene Jesus ist neu, er ist anders …)
4. Hast du schon mal gesehen, wie jemand Brot gebrochen hat? (Messe, der Priester nimmt …)

32. Thema — Der Missionsauftrag und Jesu Himmelfahrt (Mt 28,16-20 und Lk 24,44-53)

Grundgedanke:
Jesus macht die Jünger, seine Schüler, zu Aposteln, zu „Gesendeten". Er erhielt von seinem Vater die Macht und sendet sie hinaus in die Welt, um alle Menschen in der ganzen Welt einzuladen, Jesusschüler zu werden. Die Sendung ist nicht auf Jerusalem und Israel beschränkt, sondern universal. Durch die Taufe auf den dreifaltigen Gott wird die Verbindung zu Jesus und seiner Gemeinschaft hergestellt. Jesus sichert den Jüngern seinen Beistand zu, indem er ihnen den Heiligen Geist verheißt. Er selbst wird heimgeholt in den Himmel.

Liedvers: Zu seinem Vater kehrt er heim in den Himmel.

Aufbauen: Weg B2, Weg B2, Berg B30, Weg B2, Weg B2

Begriffe sprechen: Völ-ker

Bildelemente: auferstandener Jesus B139, elf einzelne Jünger B110 bis B120, Wolke B23

Erzählvorschlag:
Jesus rief seine Jünger zu einem Berg.
Alle elf Jünger kamen (1, 2, …)
Als sie Jesus sahen, fielen sie vor ihm nieder.
Jesus sagte zu ihnen, dass er nun heimgehen werde, zu seinem Vater in den Himmel.
Weiter sprach er:
Mir ist alle Macht gegeben im Himmel und auf der Erde.
Geht zu allen Völkern und macht sie zu meinen Jüngern.
Tauft sie im Namen des Vaters und des Sohnes und des Heiligen Geistes.
Und lehrt sie alles zu befolgen, was ich euch gesagt habe.
Ich dürft sicher sein, ich bin bei euch alle Tage bis ans Ende der Welt.

Ich werde euch die Kraft aus der Höhe, den Heiligen Geist senden.
Wartet auf ihn.
Da erhob er seine Hände und segnete sie.
Und während er segnete, wurde er zum Himmel empor gehoben.
Und eine Wolke nahm ihn vor ihren Augen weg.
Sie aber kehrten mit großer Freude nach Jerusalem zurück
und waren immer im Tempel und lobten Gott.
Gemeinsam warteten sie auf die Kraft von oben, den Heiligen Geist.

Anordnung der Bildelemente:

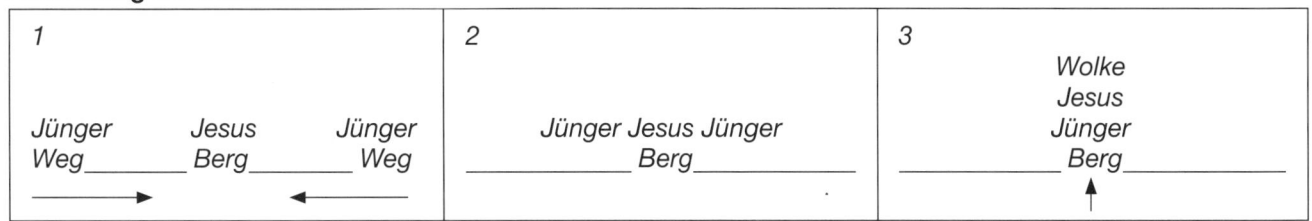

1	2	3
Jünger Jesus Jünger Weg____ Berg____ Weg → ←	Jünger Jesus Jünger _____Berg_____	Wolke Jesus Jünger _____Berg_____ ↑

Erschließungsfragen:
1. Was sollen die Jünger nun tun? (warten …, taufen, lehren,)
2. Jesus sagt: Geht zu allen Völkern! Welche Völker kennst du?
3. Die Jünger haben nicht genug Kraft, um Jesu Arbeit zu tun. Was verspricht er ihnen? (seinen Beistand, seine Kraft, den Heiligen Geist)
4. Jesus ist jetzt im Himmel. Wie kann man sich den Himmel vorstellen? (Gott ist da, schön, Wohnung, Heimat, Paradies, wie ein Fest, ohne Leid, ohne Tod, Freude, Frieden …)
5. Wie könnte man das Fest nennen, das zur Erinnerung an dieses Ereignis gefeiert wird? (… Christi Himmelfahrt)

33. Thema — Das Pfingstereignis (Apg 2,1-41)

Grundgedanke::
Am Pfingsttag, dem Fünfzig-Tage-Fest der Juden, an dem sie der Ernte und der Übergabe der Zehn Gebote dankbar gedachten, erwarteten die Jünger betend den versprochenen Heiligen Geist. Als dieser kam und sie erfüllt hatte, war die lähmende Furcht wie fortgeblasen, ihre Herzen waren voll feurigem Mut und stürmischer Kraft. Der Geist drängte sie, hinauszugehen und begeistert die Frohe Botschaft zu verkünden. Menschen aus vielen Ländern verstanden ihre Botschaft, wollten zu ihnen gehören und ließen sich taufen.

Liedvers: Seine Kraft, den Heiligen Geist, schickt er den Jüngern.

Aufbauen: Haus B55, Weg B2, Weg B2, Weg B2, Weg B2

Begriffe sprechen: Pfingst-tag

Bildelemente: Simon Petrus B110, elf einzelne Jünger B111 bis B120 und B141, Maria B4, Feuerflammen B143, Sturm B144 und B145, Leute (Menschen) B20, B21 und B33

Erzählvorschlag:
Als der Pfingsttag gekommen war, waren die Jünger Jesu mit Maria, seiner Mutter, in Jerusalem
in einem Haus versammelt. Sie blieben die ganze Zeit zusammen. Aus Angst hatten sie die Türen verschlossen.

Da kam plötzlich vom Himmel her ein Brausen, wie wenn ein heftiger Sturm daherfährt
und erfüllte das ganze Haus, in dem sie waren.
Und es erschienen ihnen Zungen wie von Feuer und auf jeden von ihnen ließ sich eine nieder.
Alle wurden vom Heiligen Geist erfüllt und begannen in fremden Sprachen zu reden.
Sie gingen hinaus und verkündeten, was der Heilige Geist ihnen eingab.

Am Pfingsttag war Jerusalem voller Menschen. Viele waren aus andern Orten und Völkern gekommen.
Als sich das Getöse erhob, strömten die Menschen zusammen.
Sie staunten und wunderten sich, weil jeder die Jünger in seiner Muttersprache verstand.
Viele wurden nachdenklich und wussten nicht, was sie tun sollten.
Andere spotteten: Vielleicht sind die Jünger betrunken?

Da sprach Petrus zu den Leuten: Wir sind nicht betrunken, es ist doch erst die dritte Stunde des Tages.
Heute hat Gott den Heiligen Geist geschickt, so wie er es durch seinen Propheten, seinen Sprecher,
angekündigt hat. Ihr braucht euch nicht zu wundern.
Ihr wisst, dass Jesus von Nazaret ans Kreuz geschlagen wurde.
Gott hat ihn auferweckt, er lebt. Glaubt an ihn, er ist der Messias, der Christus, der Herr.

Diese Worte trafen sie mitten ins Herz.
Sie fragten: Was sollen wir tun? Petrus antwortete: Kehrt um und lasst euch taufen.
Viele kamen herbei und ließen sich taufen. Es waren ungefähr dreitausend.
Sie blieben zusammen, achteten das, was die Jünger lehrten, brachen das Brot miteinander und beteten.

Anordnung der Bildelemente:

1	2	3
	Sturm, Feuer	
elf Jünger Maria Petrus Haus	elf Jünger Maria Petrus Haus Weg	Jünger Petrus Leute

Erschließungsfragen:
1. Was tun die Jünger zuerst? Was machen sie danach? (warten, beten … hinausgehen, predigen …)
2. Der Heilige Geist kommt wie Feuer und Sturm. Warum nicht wie Eis und Stein? Was soll das bedeuten? (Er hat Kraft, macht hell, bewegt, bringt voran …)
3. Wo gibt der Heilige Geist den Menschen Kraft? (Nicht in den Muskeln, nicht im Kopf, sondern im Herzen, damit sie Gutes sagen und tun können.)
4. In welchen Geschichten kam der Heilige Geist bereits vor? (Geburt, Taufe)
5. An diesem Fest hat die Kirche Geburtstag. Warum? (Aus wenigen Jesusfreunden sind ganz viele geworden.)

34. Thema — Die Apostel verbreiten die Frohe Botschaft

Vorbemerkung:
Die Reihe der biblischen Geschichten ist nun zu Ende und es beginnt die Verbreitung dessen, was Jesus gesagt und getan hat, in dieser Stunde durch die Apostel, in der nächsten durch die Nachfolger der Apostel bis in unsere Zeit hinein. Verständlicherweise können die Kinder den Grundzusammenhang nur verstehen, wenn die entsprechenden Sachverhalte stark vereinfacht und klar strukturiert sind. Bewusst wird in der Bildstruktur eine Verbindung zu der Stunde hergestellt, wo Jesus von Ort zu Ort geht.

Grundgedanke:
Die zwölf Apostel (für Judas wurde ein neuer gewählt, Matthias) und viele andere, die von Jesus begeistert sind, tragen seine Frohe Botschaft in Wort und Tat in die Welt hinaus. Die Sache Jesu verbreitet sich von Jerusalem ausgehend immer weiter.

Liedvers: Die Apostel gehen von Ort zu Ort und erzähl'n von Gott.

Aufbauen: 6x2 Weg B2, 6x Dorf B1

Begriffe sprechen: A-pos-tel

Bildelemente: 6x zwei Apostel (Jünger) B110-120 und B141, Sprechblasen: Gott B146, Jesus B147, Taufe B148, Brotbrechen B149, Umkehr B150, Trost B151

Erzählvorschlag:
Die Jünger waren nun keine Jünger mehr, das heißt, keine Schüler mehr. Sie waren jetzt Apostel.
Jesus hatte sie ausgesandt, um seine Worte und Taten zu allen Menschen zu bringen.
Sie waren gestärkt durch den Heiligen Geist.

Die ersten beiden Apostel gingen los.
Sie kamen in ein Dorf und erzählten von Gott, dass er gut ist.

Andere Apostel gingen in ein anderes Dorf.
Sie erzählten von Jesus, dass er von den Toten auferstanden ist.

Andere Apostel gingen wieder in ein anderes Dorf.
Sie sagten: Werdet Jesusfreunde! Lasst euch taufen.

Andere Apostel gingen zum nächsten Dorf.
Sie luden die Jesusfreunde zum „Brotbrechen" ein, so sagten sie damals zum Gottesdienst.

Andere Apostel gingen in ein weiteres Dorf.
Sie sagten zu den Bösen, dass sie umkehren sollen, dass Gott ihnen verzeiht, dass sie gut werden sollen.

Wieder andere Apostel gingen in ein anderes Dorf.
Sie trösteten die Kranken und Traurigen und sagten: Gott ist da für euch, ihr seid nicht alleine.
So gingen die Apostel von Ort zu Ort und erzählten von Gott und davon, was Gott wichtig ist.

Anordnung der Bildelemente:

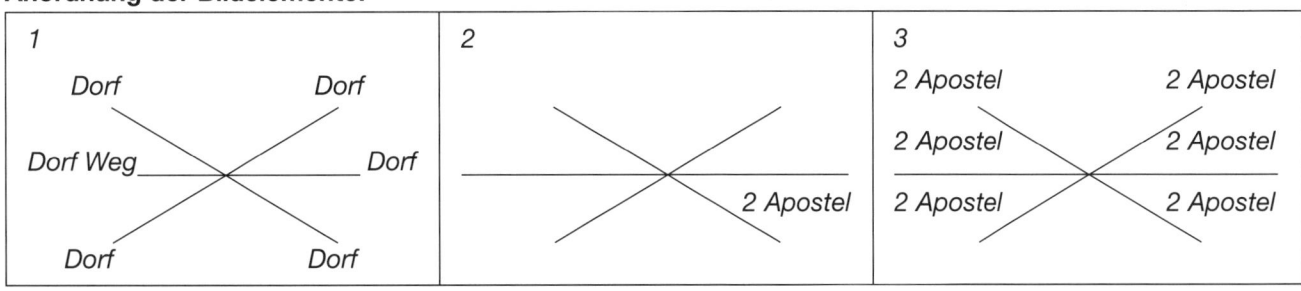

1	2	3
Dorf / Dorf / Dorf Weg — Dorf / Dorf / Dorf (X-Anordnung)	(leere X-Anordnung mit 2 Apostel unten rechts)	2 Apostel / 2 Apostel / 2 Apostel / 2 Apostel / 2 Apostel / 2 Apostel (X-Anordnung)

Erschließungsfragen:
1. Was ist der Unterschied zwischen Jüngern und Aposteln? (Schüler … Lehrer)
2. Warum gehen die Apostel? (Jesus hat sie geschickt, sie bringen Gutes in die Welt …)
3. Sie erzählten von Gott und von Jesus? Was könnten sie erzählt haben?
4. Was könnten sie auf ihrem Weg erlebt haben?
5. Hat dich auch schon mal jemand mit einem Auftrag losgeschickt?

35. Thema — Heute wirken viele an der Verbreitung der Frohen Botschaft mit

Vorbemerkung:
Mit dieser Stunde endet die Reihe der Erzählungen in der gewohnten Ablaufstruktur. Bereits in dieser löst sie sich etwas auf, weil der neue Inhalt nicht mehr erzählt, sondern im Gespräch mit den Schülern erarbeitet wird.

Grundgedanke:
Zunächst wurde die Botschaft Jesu durch die Apostel und andere Jüngerinnen und Jünger weiterverbreitet. Als diese gestorben waren, traten an ihre Stelle neue Verkünder, die das Evangelium in die Welt hinaus trugen. Als diese starben, wieder neue. So ging es durch die Jahrhunderte hindurch bis in unsere Zeit. Heute bringen Pfarrer, Schwestern, Gemeindereferent/innen, Religionslehrer/innen … Jesu Botschaft in Wort und Tat in unsere Gemeinde, Bischöfe in das Bistum und der Papst in die ganze Welt.

Liedvers: Viele gehen von Ort zu Ort und erzähl'n von Gott.

Aufbauen: 6 x 2 Weg B2, 6 x Dorf B1

Bildelemente: 2 Apostel B110 und B112, 2 neue Apostel B141 und B 141, Pfarrer B152, Auto B157, Bischof B153, Papst B154, Flugzeug B158, Schwester B155, Rad B159, Lehrer/in B156

Erzählvorschlag:
Die Apostel *(zwei Apostel gehen lassen)* gehen von Ort zu Ort, erzählen von Gott und von Jesus, taufen, feiern das Brotbrechen, sagen zu den Bösen, sie sollen umkehren und trösten die Kranken und Traurigen. Dann werden sie älter, sterben, gehen heim in den Himmel zum lieben Gott.

Dann kommen neue Apostel *(zwei weitere gehen lassen)*, sie erzählen von Gott und von Jesus …
Dann werden sie älter, gehen heim in den Himmel … Dann kommen neue Apostel …
Dann kommen neue Apostel … und so geht das immer weiter, ungefähr 2000 Jahre lang, bis zu unserem Jahr …
Und auch heute erzählen Menschen von Gott und von Jesus und arbeiten für sie.
(Bildkarte „Pfarrer" hinlegen)
Wisst ihr, wer das ist? (unser Pfarrer, Herr …, er fährt mit dem Auto von Ort zu Ort)
(singen:). Der Pfarrer fährt von Ort zu Ort und erzählt von Gott.
(Bildkarte „Bischof" hinlegen)
Er ist der Chef von unserem Pfarrer. Wisst ihr, wer das ist?
(unser Bischof, Herr …, er fährt mit dem Auto in seinem Bistum von Ort … zu Ort)
(singen:). Der Bischof fährt von Ort zu Ort und erzählt von Gott.
(Bildkarte „Papst" hinlegen)
Er ist der Chef von allen Bischöfen auf der Welt.
Wisst ihr, wer das ist? (unser Papst …, er fliegt mit dem Flugzeug von Land … zu Land)
(singen:). Der Papst, er fliegt von Ort zu Ort und erzählt von Gott.
(Bildkarte „Krankenschwester" hinlegen)
Sie arbeitet in der Sozialstation. Wisst ihr, wer das ist?
(die Schwester, Frau …, sie fährt mit dem Auto von Ort … zu Ort zu den Kranken)
(singen:). Der Schwester fährt von Ort zu Ort und sie arbeitet für Gott.
(Bildkarte „Religionslehrer/in" hinlegen)
Ihr kennt sie/ihn alle. Wisst ihr, wer das ist?
(Sie! Frau/Herr…, sie/er fährt mit dem Fahrrad oder Auto … von Ort zu Ort)
(singen:). Die Lehrerin/der Lehrer/Frau …/Herr… fährt oder geht von Ort … zu Ort und erzählt von Gott.
Zusammenfassend kann man singen: Viele gehen von Ort zu Ort und erzähl'n von Gott.

Anordnung der Bildelemente:

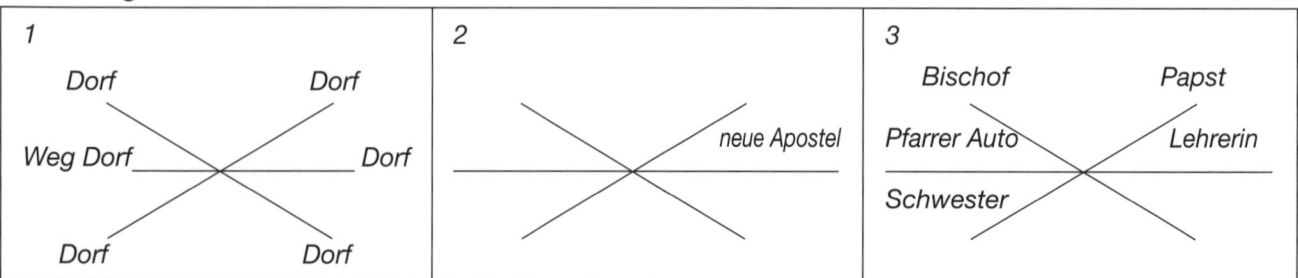

1	2	3
Dorf Dorf Weg Dorf ———— Dorf Dorf Dorf	neue Apostel	Bischof Papst Pfarrer Auto ———— Lehrerin Schwester

Erschließungsfragen:
1. Was wisst ihr von den Personen, die heute für den lieben Gott arbeiten?
2. Wer hat dir schon von Gott und Jesus erzählt?

36. Thema	Was man von der Jesusgeschichte in der Kirche sehen kann

Vorbemerkung:
Die Lebens- und Wirkungsgeschichte Jesu, die bisher in einer stimmigen Abfolge dargelegt wurde, wird in dieser und den folgenden Stunden mit Spuren in der gegenwärtigen Realität konfrontiert. Dabei muss das Bekannte in ungewohnter Reihenfolge und Darstellung reorganisiert werden. Dadurch vertieft sich das bisherige Wissen und wird vernetzt mit Gewusstem oder Neuentdecktem und wird lebensrelevant.
In dieser Stunde sollte besondere Achtsamkeit auf entsprechendes Benehmen im heiligen Raum gelegt werden. Diesem Anliegen dient auch die vorgeschlagene Stundenkonzeption.

Grundgedanke:
In der Kirche sind viele Spuren der Jesusgeschichte zu entdecken. Diese sollen aufgesucht und gedeutet werden.

Gestaltung der Unterrichtsstunde:
Die Lehrkraft geht mit der Klasse in die Pfarrkirche.
Es ist ratsam, schon vor der Kirchentüre an ein entsprechendes Verhalten in der Kirche zu erinnern.
Nach dem Kreuzzeichen am Weihwasserbecken und der Kniebeuge nehmen alle in mehreren Bänken Platz und beten gemeinsam.
Danach sollen alle Kinder mit ihren Augen einige Minuten in aller Stille durch die Kirche „wandern" und schauen, was sie von der Jesusgeschichte sehen können.
Anschließend werden die Kinder aufgerufen und bei jedem gefundenen Gegenstand wird an die entsprechende Geschichte erinnert und der Liedvers gesungen. Die Reihenfolge wird durch die Kinder bestimmt. Auf wesentliche Gegenstände, die die Kinder nicht in Beziehung setzen können, weist die Lehrkraft hin.

Gegenstand	*Erinnert an folgendes aus der Jesusgeschichte*	*Liedvers*
Beispiele:		
Kreuz	Leiden und Tod, Auferstehung	Jesus trägt das schwere Kreuz …
		Jesu lebt…
Altar	erinnert an das Letzte Abendmahl	Mit den Jüngern feiert er das Letzte …
Tabernakel	Speisung der 5000	Hungrig sitzen viele da …
	Letztes Abendmahl	Mit den Jüngern feiert er …
	Emmaus	Jesus geht nach Emmaus mit …
Auferstandener	Auferstehung	Jesus lebt …
Taube	Heiliger Geist	Jesus kommt zum Jordan hin …
		Seine Kraft den Heiligen Geist …
Maria	Geburt	Arm und klein …
		Die Hirten sehen …
		Die Weisen kommen …
	Hochzeit zu Kana	Aus dem Wasser wurde Wein …
Engel	Geburt, Auferstehung	Arm und klein …
		Die Hirten sehen
		Jesus lebt …
Apostelkreuze/	zwölf Apostel	Folgt mir nach …
Apostelleuchter/		Die Apostel gehen …
Apostelfiguren		
Heiligenfiguren	nach den Aposteln	Viele gehen von Ort zu Ort …
Kreuzweg	Leidensgeschichte	Jesus trägt das schwere Kreuz …
Taufbecken/	Taufe Jesu	Jesus kommt zum Jordan hin …
Weihwasserkessel		
Beichtstuhl	Sünderin,	Geh und sündige nicht mehr …
Osterkerze	Auferstehung	Jesus lebt …
Palmen	Einzug in Jerusalem	Mit dem Esel zieht er ein …
Kirche selbst	Tempel, Synagoge	Mit zwölf Jahren …
		Jesus treibt die Händler fort …
		Jesus heilt die kranke Hand …

(je nach Ausstattung der betreffenden Kirche ergeben sich weitere Anknüpfungspunkte)

Kinder	Kindersegnung	Lasst die Kinder zu mir her …

Mit dieser letzten Strophe lässt sich gut auf ein abschließendes Segensgebet überleiten.
Anschließend verlassen die Kinder ihre Bank und alle gehen gemeinsam zu ausgewählten Gegenständen in der Kirche und betrachten sie näher. Danach gehen alle wieder zur Schule zurück.
Hausaufgabe: Kinderbibeln mitbringen!

37. Thema: Kinderbibeln vorstellen

Vorbemerkungen:
Viele Schülerinnen und Schüler haben eine Kinderbibel zu Hause, einigen wird regelmäßig von den Eltern oder größeren Geschwistern vorgelesen. Manche möchten mehr über Jesus erfahren und wollen sich eine Kinderbibel schenken lassen. An diese Erfahrungen und Wünsche soll angeknüpft werden. Sie sollen wertgeschätzt, als Bereicherung genutzt und weitergeführt werden.

Grundgedanke:
In der Kinderbibel sind viele Jesusgeschichten dargelegt und mit Bildern visualisiert. Bekannte und unbekannte Geschichten sollen aufgesucht und kurz beschrieben werden.

Gestaltung der Unterrichtsstunde:
Zu Beginn der Unterrichtsstunde werden die wichtigsten Gegenstände genannt, die in der Kirche an die Jesusgeschichte erinnern. Dabei werden jeweils die entsprechenden Liedverse gesungen.

Im Sitzkreis werden anschließend die Bibeln ausgelegt, die die Kinder und die Lehrkraft mitgebracht haben. Jedes Kind, das eine Bibel hat, darf seine Lieblingsgeschichte zeigen und kurz erzählen. Abschließend wird der entsprechende Liedvers dazu gesungen.

Der Lehrer/in kann eine Bibel auswählen (von den Bildern her eignet sich gut die „Bibel für die Grundschule"), um auf wesentliche Geschichten nochmals aufmerksam zu machen und auch auf neue kurz hinzuweisen. Die Kinder sollen auch ihre Fragen zur Bibel allgemein und zu den vorliegenden Kinderbibeln einbringen können. Anhand der Kinderbibeln kann auch auf den Unterschied zwischen Altem Testament und Neuem Testament hingewiesen werden.

Die letzten Gedanken werden in einem Hefteintrag (auf Tafel vormalen und abmalen bzw. abschreiben oder Arbeitsblatt ausgestalten lassen) gesichert (siehe Arbeitsblatt M3).

38. Thema: Große Fest- und Gedenktage im Kirchenjahr

Vorbemerkungen:
Das Schuljahr ist durch die kirchlichen Feier- und Gedächtnistage geprägt bis hinein zu den Ferienterminen (Weihnachten, Ostern, Pfingsten). Wenn Schüler/innen diesen Zusammenhang wissen und verstehen, können sie sich besser zurechtfinden. In dieser Unterrichtseinheit werden die wesentlichen Feste hervorgehoben und durch Symbolbilder reflektiert, um sie auf einer anderen Ebene neu zu sichern.

Grundgedanke:
Der Jahresablauf ist durch große Jesusfeste geprägt. Die Schüler/innen sollen die Namen der wichtigsten in der richtigen Reihenfolge nennen und den biblischen Bezug herstellen können.

Gestaltung der Unterrichtsstunde:
Zu Beginn der Unterrichtsstunde werden die Bilder aus den Kinderbibeln, an die sie sich noch erinnern, genannt. Dabei werden jeweils die entsprechenden Liedverse gesungen.

Im Sitzkreis werden anschließend die einzelnen Wortkarten und Bilder (die durch Vergrößerung der Arbeitsblattelemente hergestellt werden, siehe Arbeitsblatt M4) verdeckt auf einen Stapel in die Mitte des Kreises gelegt. Folgende Reihenfolge der Bild- und Wortkarten wird vorgeschlagen: Osterkerze, Feuerflammen, Stern, Kreuz, Wolke, Pfingsten, Christi Himmelfahrt, Weihnachten, Ostern, Karfreitag, Überschrift.
Anschließend darf ein Kind eine Bildkarte aufdecken, ein anderes die entsprechende Geschichte kurz erzählen.
Danach werden die Wortkarten aufgedeckt und den Bildkarten zugeordnet.
Nun werden Bild- und Wortkarten in eine Reihenfolge gebracht, wie sie dem Ablauf im Kirchenjahr entsprechen. Zum Schluss wird die Überschrift vermutet und dann aufgedeckt. Dazwischen wird jeweils der entsprechende Liedvers gesungen.
Als Fragen zum Thema eignen sich: Welches Fest war das letzte, welches kommt als nächstes?
An welchen Festen sind Ferien?
Danach sollen sich die Schüler/innen die Feste in der richtigen Reihenfolge einprägen.
Anschließend nimmt die Lehrkraft Schritt für Schritt eine Wortkarte nach der anderen weg, dann eine Bildkarte nach der anderen. Die Schüler/innen versuchen dabei die Reihenfolge der fünf Feste, zum Schluss ohne Wort- und Bildkarte, auswendig aufzusagen.
Als Abrundung können nochmals alle fünf Liedverse in der richtigen Reihenfolge gesungen werden.
Abschließend wird das Thema in einem Hefteintrag, der mit dem Bodenbild identisch ist, gesichert (Wort- und Bildkarten mit Magneten an der Tafel befestigen bzw. vormalen oder Arbeitsblatt ausgestalten lassen).

39. Thema	Plakat zur Jesusgeschichte

Vorbemerkungen:
Um die Jesusgeschichte vielseitig zu sichern, bietet es sich an, ein Plakat zu gestalten, das im Klasszimmer aufgehängt, während der gesamten ersten und zweiten Jahrgangsstufe sichtbar vor Augen bleibt und an die gesamte Thematik des Jesus-Lehrgangs erinnert.

Grundgedanke:
In einer Gemeinschaftsarbeit sollen die Kinder die Jesusgeschichte im Überblick visuell dauerhaft sichern.

Gestaltung der Unterrichtsstunde:
Zu Beginn der Unterrichtsstunde werden die fünf Feste, die Thema der Vorstunde waren, in der richtigen Reihenfolge genannt. Dabei werden jeweils die entsprechenden Liedverse gesungen.

In dieser Stunde kommen die Kinder nicht in den Sitzkreis.
Ein vorgefertigtes Plakat (DIN A 1) wird gezeigt, auf dem mit Wachsmalkreiden der Stall von Betlehem, Wege, die Wüste, der See Gennesaret und einige Dörfer vorgezeichnet sind (siehe Plakatentwurf M5).
Die Überschrift des Plakates lautet: Jesu Weg von Nazaret nach Jerusalem.
Die Kinder werden gebeten, an einem schönen Plakat zur Jesusgeschichte für das Klassenzimmer mitzuarbeiten.
Jeder Schüler, jede Schülerin, darf sich ein Element (siehe unten stehende Übersicht) aussuchen, mit Holzfarben möglichst groß auf das ausgeteilte Papier malen (am besten vormachen) und es ausschneiden.
Jeder bekommt ein kleines Blatt (je nach Schülerzahl oder Element DIN A 6 oder 7, damit alle Elemente auch auf dem Plakat Platz finden) und gestaltet sein Element. Damit die Schüler/innen nicht vergessen, welches Element sie gestalten sollen, gibt man ihnen am besten einen Zettel mit, auf dem ihr Element notiert ist (unten stehende Tabelle kopieren, in die Einzelelemente zerschneiden und diese ausgeben).

Wenn die Schüler/innen ihre Elemente fertig haben, kommen sie in den Kreis. Hier steht ein Tisch in der Mitte, auf dem das Plakat liegt. Dann werden die einzelnen Elemente aufgeklebt.
Sollten einige Schüler/innen früher fertig werden, können sie noch Häuser, Bäume und Leute gestalten.
Als Jesusbild, das in die Mitte des Bildes geklebt werden soll, wird eine Kopie (Bildelement B 0) verwendet.
Wenn alle Elemente aufgeklebt sind, darf jedes Kind sein Element zeigen und benennen (Lob nicht vergessen).
Anschließend wird die entsprechende Liedstrophe gesungen.
Danach wird das Plakat gut sichtbar im Klassenzimmer aufgehängt.

Übersicht über die Bildelemente, die zu gestalten sind:

Tempel	Jünger	Fischer mit Boot	Leute	6 Krüge
Johannes der Täufer	Lahmer mit Bahre	Sünderin mit Steinen	5 Brote und 2 Fische	Zachäus mit Baum
Schriftgelehrte	Aussätziger	Palme	erwecktes Mädchen	Kinder
Synagoge	Teufel	Mutter Maria	Kreuz	Grabeshöhle
Abendmahltisch	Wolke	Emmaus-Jünger	Häuser	Jüngerinnen
Maria Magdalena	Blinder Bartimäus	Mann mit kranker Hand	Händler mit Tauben	Berg mit Schafen
Esel	Feuerflammen	Bäume	Engel	Sonne

40. Thema   Landkarte vom Heiligen Land

Vorbemerkungen:
Kinder hören sehr gerne Geschichten. Sie machen oft keine großen Unterschiede zwischen eigenen Erlebnissen, Märchen und biblischen Geschichten. In der folgenden Stunde soll den Schüler/innen klar werden, dass die biblischen Geschichten - anders als die Märchen - einen Ort haben, mit dem sie in Verbindung stehen. Um dies zu erreichen, soll durch eine Gedankenreise und eine Landkarte an die wesentlichen Orte der Jesusgeschichte erinnert werden.

Grundgedanke:
Mittels einer Landkarte soll an wichtige Orte aus der Jesusgeschichte erinnert werden.

Gestaltung der Unterrichtsstunde:
Zu Beginn der Unterrichtsstunde wird das Plakat, das in der Vorstunde entstanden ist, nochmals in den Blick genommen. Dabei werden einige Liedverse gesungen.

Nun wird in einer Gedankenreise das Heilige Land, das damals Palästina genannt wurde und heute Israel heißt, „besucht".
Wenn die Kinder im Sitzkreis sind, führt die Lehrkraft die Reise mit ihren Worten, etwa wie folgt:
Auch wenn es schon lange her ist, dass sich die Jesusgeschichten ereignet haben, das Land, in dem Jesus lebte, gibt es heute noch. Leider können wir als Schulklasse nicht in Wirklichkeit dorthin fliegen.
Aber wir machen heute eine Gedankenreise in das Land, in dem Jesus lebte.
Wir sind ganz ruhig und nehmen uns viel Zeit. Wir lassen die Augen zufallen.
Wir stellen uns in Gedanken vor, dass wir aufstehen, aus dem Klassenzimmer hinausgehen, unsere Schuhe und unsere Jacken anziehen (Zeit lassen), dass wir den Gang entlang gehen,… auf den Pausenhof.
Auf dem Hof sehen wir einen Hubschrauber. Er wartet auf uns. Wir steigen ein, setzen uns ans Fenster und schnallen uns an. Dann steigt der Hubschrauber langsam hoch. Wir sehen den Pausenhof von oben, die Schule, das ganze Dorf. Nun fliegt der Hubschrauber Richtung Süden. Er fliegt über das Nachbardorf …, die nächste Stadt … das große Gebirge, die Alpen …. fliegt über Österreich, über Italien, fliegt über das Meer, das große Mittelmeer … wir sehen nur Wasser, … dann kommt ein Land, das Israel heißt. Es ist das Heilige Land, das Land, in dem Jesus lebte. Der Hubschrauber geht etwas herunter und bleibt in der Luft in einer bestimmten Höhe stehen,
damit wir das ganze Land durch das Fenster von oben schön sehen können.
Wir machen unsere Augen auf und schauen, welche Dörfer und Gewässer wir sehen können.

Im Sitzkreis liegt eine Landkarte (Arbeitsblatt M6 vergrößert, mindestens DIN A 3)
Nun werden die Gewässer, dann die Dörfer und Städte benannt. Es wird an die Jesusgeschichten erinnert, die sich dort ereignet haben, und die entsprechenden Liedverse gesungen. Anschließend wird die „Rückreise" angetreten.

Lehrer/in: *Wir machen noch ein Foto vom Land, dann können wir die Augen wieder schließen und fliegen zurück. Der Hubschrauber steigt höher und fliegt Richtung Norden. Es kommt das große Mittelmeer …*
(in umgekehrter Reihenfolge exakt denselben Ablauf nennen)
… wir ziehen unsere Schuhe wieder aus, hängen unsere Jacken an die Garderobe, gehen ins Klassenzimmer, setzen uns auf unseren Stuhl im Stuhlkreis, öffnen unsere Augen und sind tatsächlich wieder da. Wir strecken uns.

Austausch über die Reise und Widerholen der Dörfer, Städte und Gewässer.
Die Kinder bekommt jetzt das „Foto" (Arbeitsblatt M6), das sie gemacht haben, zum Ausmalen.
Anschließend gehen die Kinder wieder auf ihre Plätze zurück und gestalten ihr Arbeitsblatt (Wasser blau, Berge …).

41. Thema   Realien aus der Zeit Jesu

Vorbemerkungen:
Ähnlich wie die Vorstunde soll auch diese Einheit das Ziel verfolgen, die biblischen Geschichten aus der zeit- und ortlosen Märchenwelt in die geschichtliche Realität zu bringen. Selbst wenn die Kinder dies nur anfanghaft verstehen, zeigt die Erfahrung, dass diese Einheit einen wichtigen Baustein für eine Grundlegung bildet.

Grundgedanke:
Über Zeichnungen wichtige historische Realien kennen lernen, die zur Zeit Jesu existierten.

Gestaltung der Unterrichtsstunde:
Nach der Wiederholung der Vorstunde in gewohnter Weise werden den Kindern im Sitzkreis Bilder (Vergrößerungen aus dem Arbeitsblatt M7) aus dem Lebensumfeld Jesu gezeigt, die sie entdecken, erklären und in Beziehung zu ihrem Lebensumfeld bringen können. Soweit Anknüpfungspunkte an Jesusgeschichten aufscheinen, wird die entsprechende Liedstrophe gesungen. Abschließend wird das Arbeitsblatt ausgestaltet.

42. Thema — Bestätigung des Gelehrten mit Urkunde

Vorbemerkungen:
Im zurückliegenden Jesuskurs konnten die Kinder vieles kennen lernen, wiederholen und sich spielerisch einprägen. In dieser Stunde können sie zeigen, was sie nun wissen. Hierbei steht nicht die Wissenskontrolle im Zentrum, sondern die Bestätigung, dass viele Inhalte gelernt wurden. Die Erfahrung, dass Schüler/innen etwas können, ist eine wesentliche Basis für den weiteren Lernerfolg. Da sich die Kinder mit dem Schreiben noch schwer tun, soll der Test mittels einfacher Ankreuzaufgaben durchgeführt werden.

Grundgedanke:
Das Wissen, das beim Jesuskurs angeeignet wurde, zeigen.

Gestaltung der Unterrichtsstunde:
Zu Beginn der Unterrichtsstunde wird an die Realien, die in der vorhergehenden Stunde betrachtet wurden, erinnert. Dabei werden die entsprechenden Liedverse gesungen.

Die Lehrkraft erklärt den Schüler/innen, dass sie im Jesuskurs sehr viel gelernt hätten und nun vieles wissen.
Wer merkt, dass er vieles weiß, der kann stolz auf sich sein.
Um aber herauszubekommen, was man tatsächlich weiß, muss man testen, was man kann.
Ich habe nun einige Testfragen auf Folie dabei. Versucht, ob ihr sie lösen könnt:

Testfrage 1	Wer sagte den Hirten, dass das Jesuskind geboren ist?	○ Josef ○ Engel
Testfrage 2	Wie alt war Jesus, als er im Tempel blieb?	○ 6 Jahre ○ 12 Jahre
Testfrage 3	Wer hat Jesus getauft?	○ Johannes ○ Petrus

Die Kinder lösen die Fragen und sollen anschließend selbst Fragen formulieren und beantworten.

Lehrer/in: Damit du zeigen kannst, was du gelernt hast, sollst du nun schriftlich Fragen in einem Test (Arbeitsblatt M8) beantworten. Dabei musst du, so wie wir es eben auf der Folie geübt haben, bei der richtigen Antwort ein Kreuzchen machen. Jeder arbeitet für sich alleine (die Fragen können miteinander gelesen werden, damit auch leseschwache Kinder ihr Wissen zeigen können).
Die Kinder bearbeiten nun den Test. Er wird vom Lehrer/in bis zur nächsten Unterrichtsstunde ausgewertet.
Die Schüler/innen, die fertig sind, dürfen auf der Rückseite schreiben, was sie sonst noch aus dem Jesus-Lehrgang wissen oder ihre Lieblingsgeschichte malen.

Die Lehrkraft trägt bis zur nächsten Stunde die erreichte Punktzahl ein und unterschreibt die Urkunden (M9).

43. Thema — Etwas Jesus zuliebe tun

Vorbemerkungen:
Nach den Jesusgeschichten, den Bezügen zu Kirche und Kirchenjahr, der Landkarte, historischen Realien und der Bestätigung des gelernten Wissens steht nun der Übertrag ins persönliche Handeln im Zentrum. Die Begegnung mit Jesus kann nicht ohne Folgen bleiben. Wer auf eine Freundschaft mit ihm Wert legt, wird ihm zuliebe Gutes tun und so wie er Gutes in die Welt hineintragen.

Grundgedanke: Überlegen, wie man heute Gutes tun kann

Liedvers: Etwas Gutes tut man gern für seine Freunde.

Gestaltung der Unterrichtsstunde:
Zu Beginn der Stunde wird der Test ausgegeben, die richtige Lösung vorgestellt und der entsprechende Vers gesungen.
Die Kinder erhalten die Urkunde (M9), die bestätigt, dass sie nun vieles wissen.
Im Sitzkreis liegen in der Mitte verschiedene Bilder (Vergrößerungen der Einzelbilder aus dem Arbeitsblatt M10)
Zunächst wird das Hauptbild „Jesus" aufgedeckt und besprochen, anschließend die anderen Bilder.
Das Gespräch zu den betreffenden Bildern könnte wie folgt gelenkt werden:

Bild: Jesus	Gespräch: Jesus war gut zu den Menschen, er ist auch gut zu uns. Er will, dass wir mit ihm eine gute Freundschaft haben. Freunde hören aufeinander; einem Freund zuliebe tut man gerne etwas Gutes. Es macht vielleicht nicht immer Spaß, aber einem guten Freund zuliebe tut man es dann doch. Wir können Jesus zuliebe viel Gutes in die Welt bringen, das will er und auch sein Vater im Himmel. Was können wir tun?
Bild: Hände	Gespräch: nicht schlagen, Hände reichen, versöhnen, trösten, helfen …
Bild: Gesicht	Gespräch: fröhlich sein, pflegen …
Bild: Sprechblase	Gespräch: keine Ausdrücke, loben, bitte und danke sagen …
Bild: Schuhe	Gespräch: abstreifen, putzen, sauber halten …
Bild: Uhr	Gespräch: pünktlich sein, Versprechen einhalten …
Bild: Tasse	Gespräch: Tisch decken, abspülen, achtsam sein …
Bild: Bett	Gespräch: rechtzeitig ins Bett gehen, Betten machen …
Bild: Schultasche	Gespräch: sauber halten, Ordnung halten, Hausaufgaben machen …
Bild: Blumen	Gespräch: pflanzen, pflegen, gießen, schenken …
Bild: Herz	Gespräch: lieb sein zu Papa, Mama …
Bild: leeres Feld	Gespräch: Was fällt dir sonst noch ein? ….

Nach jedem Bild wird der Liedvers gesungen. Anschließend gestalten die Kinder am Platz ihr Arbeitsblatt (M10).

44. Thema — Jesus mitnehmen und betend in Verbindung bleiben

Vorbemerkungen:
Mit dieser Unterrichtsstunde endet der Jesuskurs. Thematisch bildet ein Jesusbild, das die Kinder mit nach Hause nehmen dürfen, den Abschluss. In den Gesprächen geht es darum, dass die Freundschaft nur bleiben kann, wenn man miteinander in Verbindung bleibt, wenn man betet.

Grundgedanke: Betend mit Jesus in Verbindung bleiben

Liedvers: Lieber Jesus, mit dir bleib ich in Verbindung.

Gestaltung der Unterrichtsstunde:
Zu Beginn der Unterrichtsstunde wird an die guten Taten erinnert, die in der Vorstunde genannt wurden.
Nach jedem Beispiel wird der Liedvers gesungen: Einem Freund zuliebe tut man gerne Gutes.

Im Sitzkreis sehen die Kinder das Jesusbild mit dem verzierten Rand (M11)
Wo ist Jesus jetzt? (Im Himmel bei seinem Vater)
Er will unser Freund sein. Wie können wir mit ihm in Verbindung bleiben? (An ihn denken, mit ihm reden)
Mit ihm reden heißt: beten. Wir können zu ihm beten. Lieber Jesus im Himmel … danke … bitte …
Jedes Kind, das möchte, formuliert einen Satz. Dazwischen wird der Liedvers gesungen.
Jesus ist mit seinem Vater immer in Verbindung geblieben. Auch wir können mit seinem Vater in Verbindung bleiben, wenn wir zu ihm beten. Die Jünger haben einmal Jesus gefragt, wie sie beten sollen und da hat er gesagt, betet einfach so: Vater unser im Himmel … Das Vaterunser beten. Kennst du weitere Gebete?

Damit ihr euch immer an Jesus erinnern könnt und die Freundschaft mit ihm pflegen könnt, bekommt ihr ein Jesusbild für zu Hause. Ich gebe euch auch zwei kleine Bilder, eines von Maria (M13) und eines von einem Engel (M12). Anschließend gehen die Kinder wieder auf ihre Plätze zurück und gestalten ihre Bilder für zu Hause.

Die Bilder

Alle Bilder können durch eine klare Bezeichnung (z.B. Weg B2) eindeutig zugeordnet werden. Sie sind so gestaltet, dass sie einfach und auf das Wesentliche beschränkt die jeweilige Person oder Sache darstellen. Die Größen der Menschen, Tiere und Gegenstände sind aufeinander abgestimmt. Bei bestimmten Bildkarten ist es von Vorteil, sie zu vergrößern (z.B. Stall, Tempel, Synagoge …).

Die Figuren können am Rahmen oder an der Umrisslinie ausgeschnitten, ausgemalt (evt. von den Kindern) und auf buntes Tonpapier (Farbsymbolik beachten) aufgeklebt werden. Für den Dauergebrauch ist das Laminieren der Bildmaterialien hilfreich.

B0 Jesus

B1 Dorf A

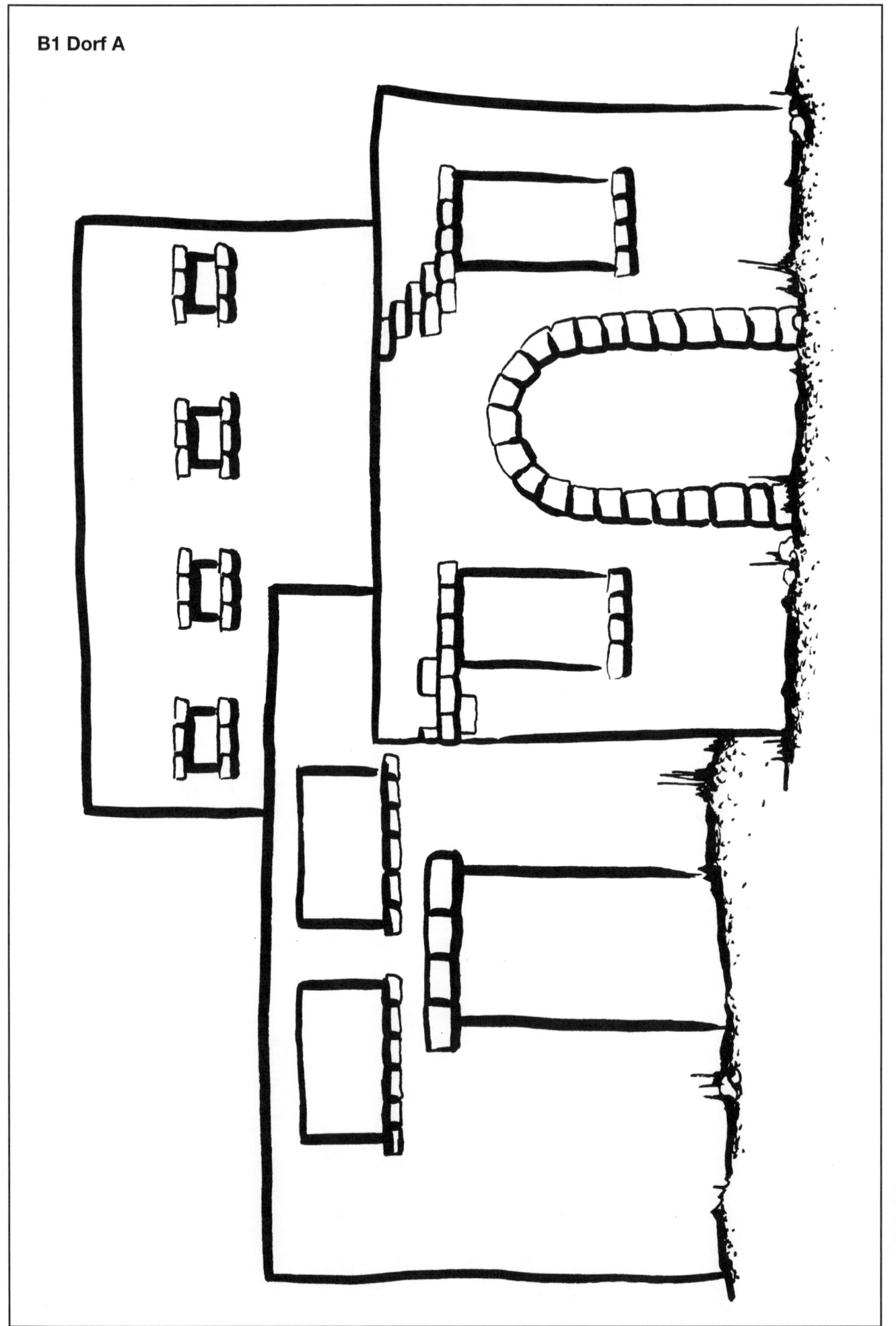

B2 Weg **B2 Weg**

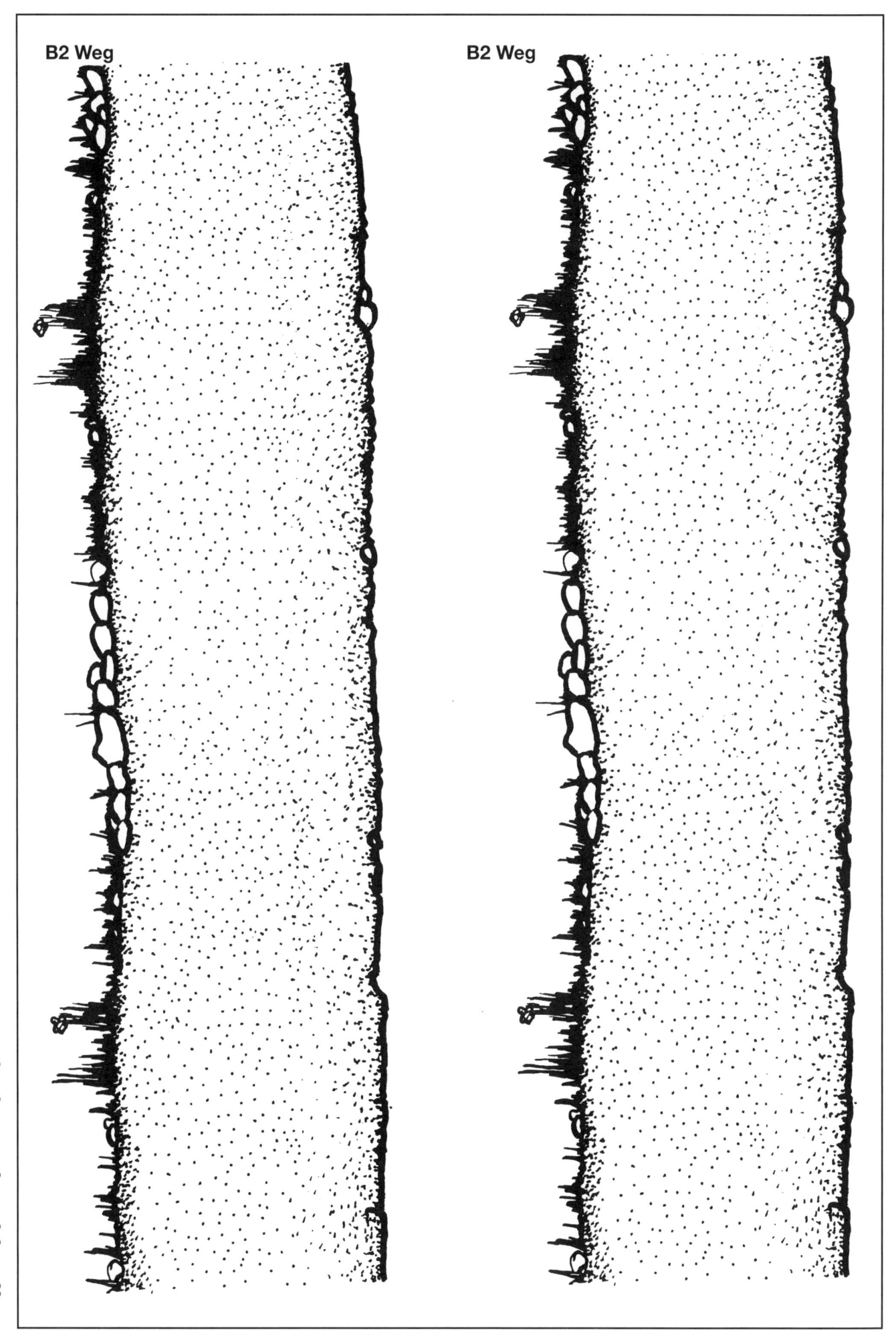

B3 Dorf B

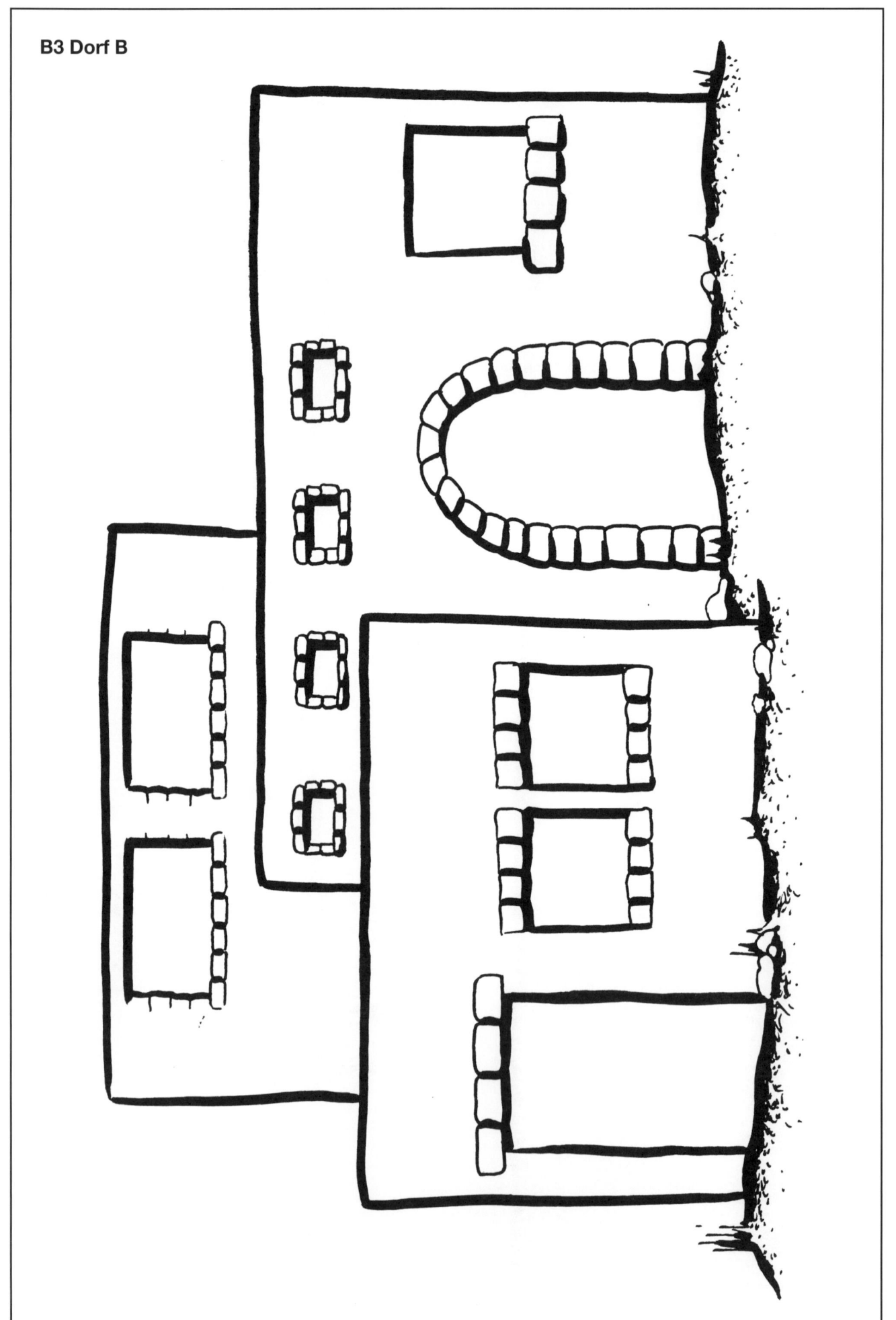

B4 Maria

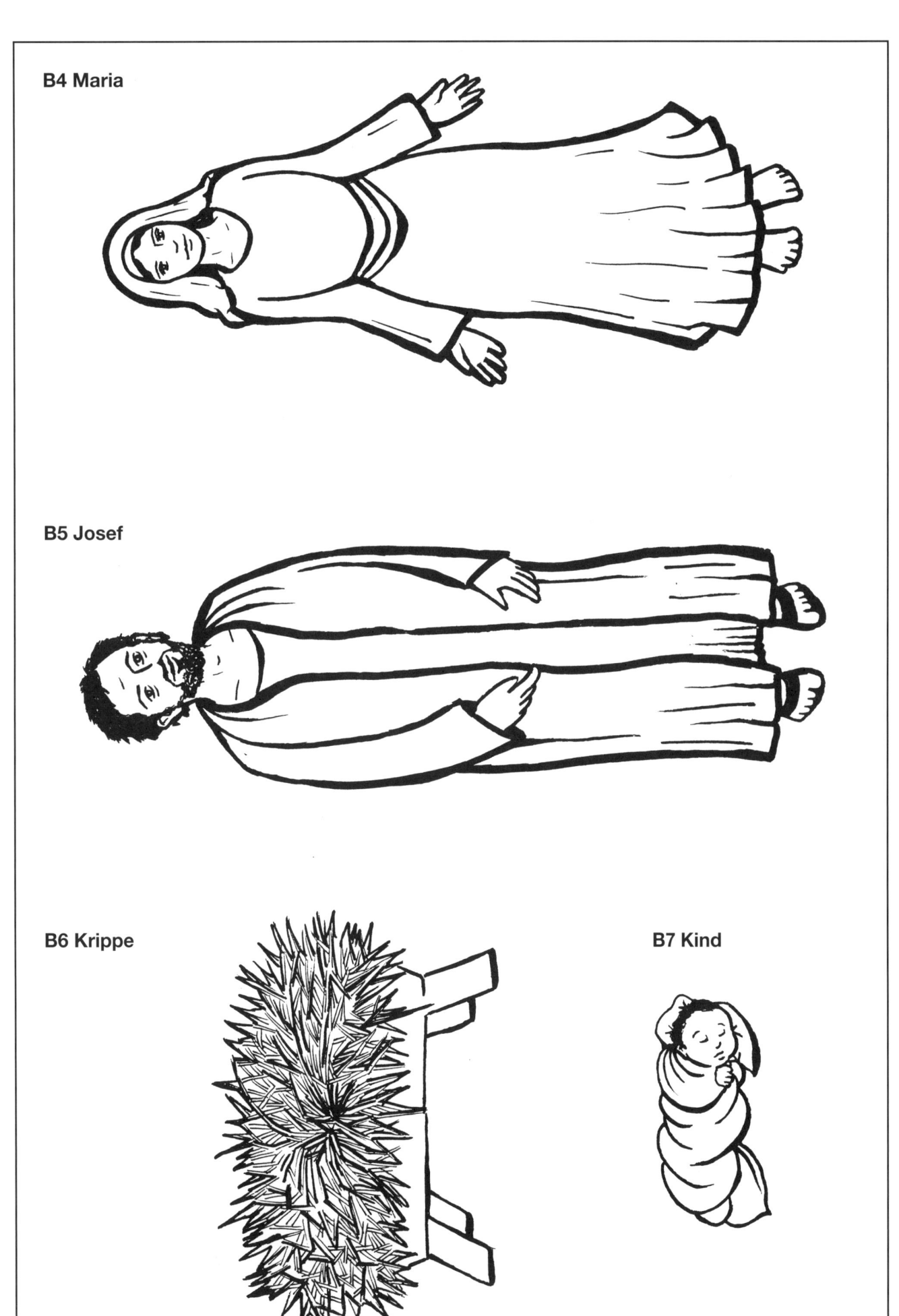

B5 Josef

B6 Krippe

B7 Kind

B8 Stall

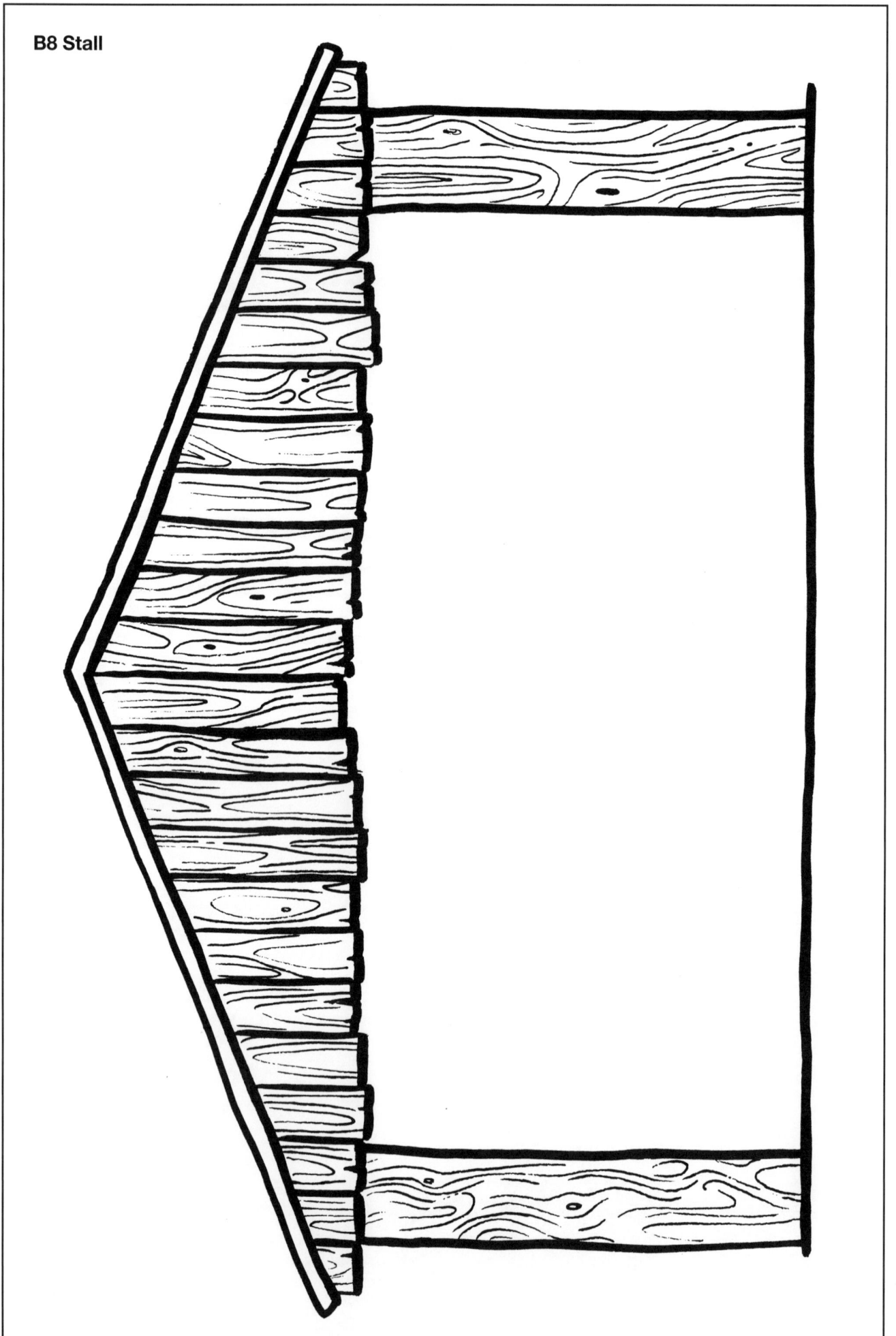

B9 Feld **B10 Schafe**

B11 Engel

B12 Hirten

B13 Engelschar

B14 die Weisen

B15 König Herodes

B16 Stern

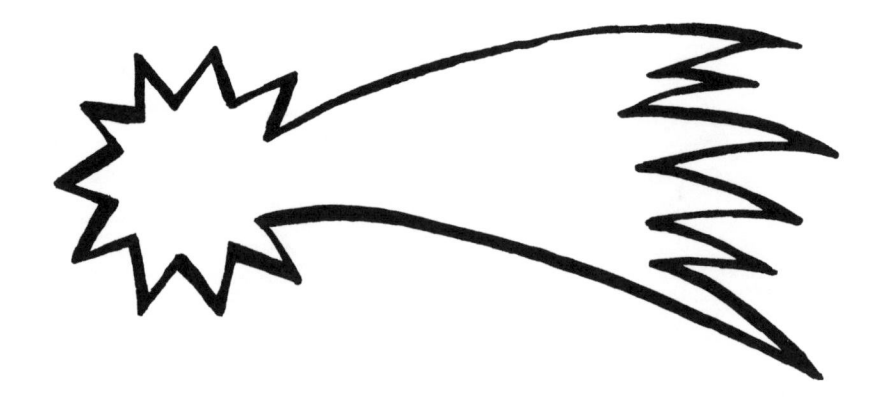

B18 Lehrer

B17 zwölfjähriger Jesus

B19 Tempel

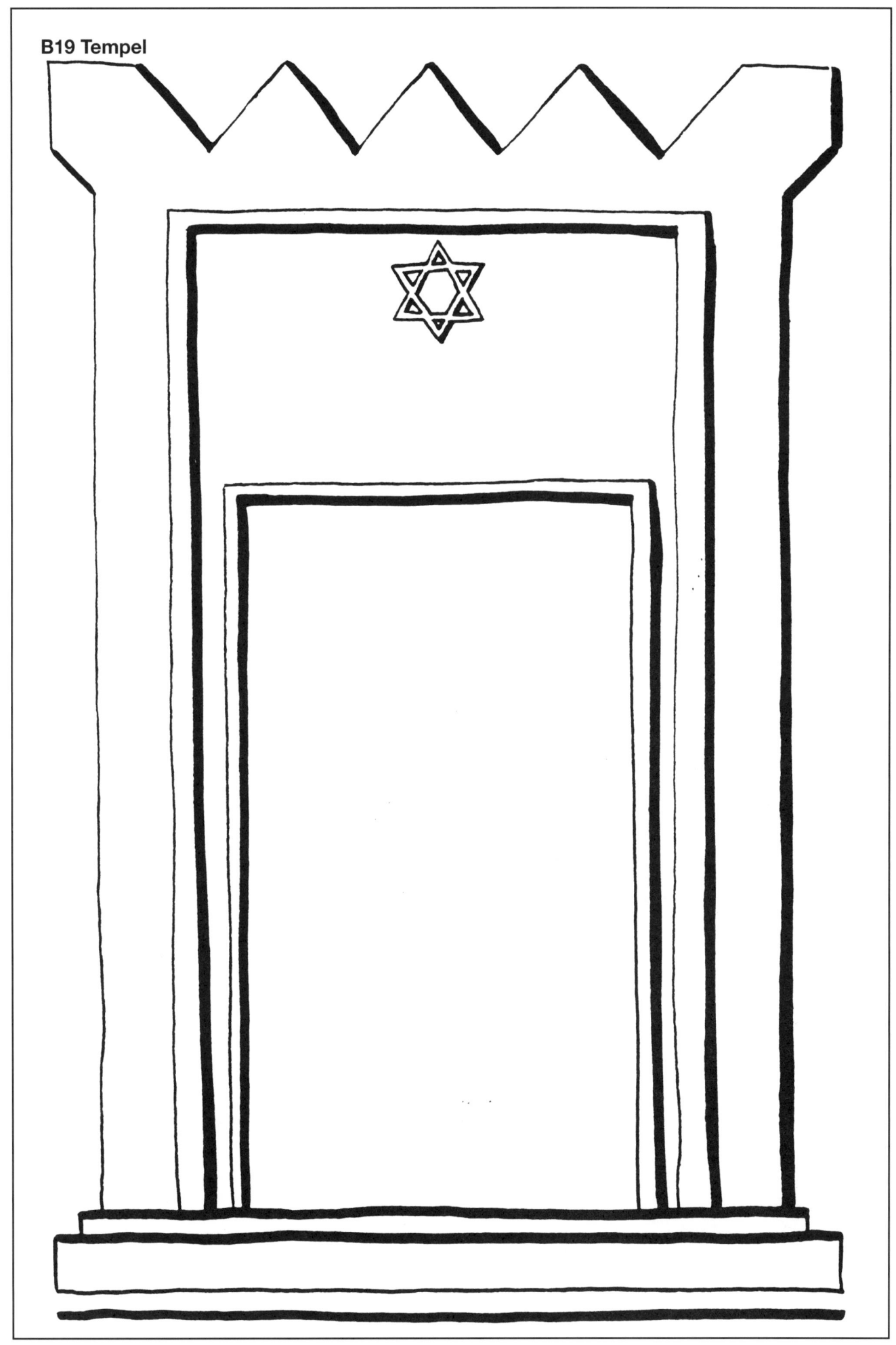

B20 Leute

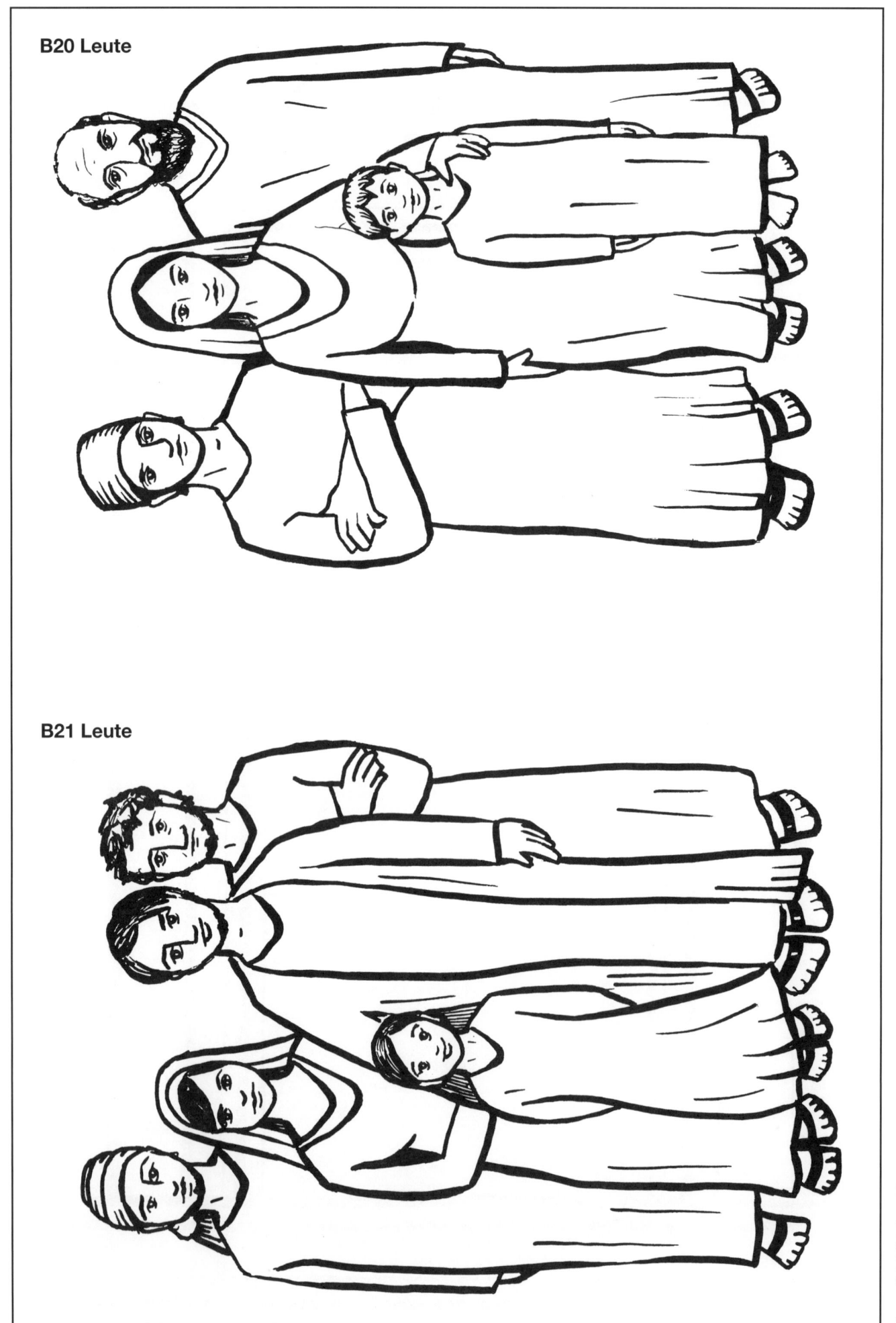

B21 Leute

Georg Schädle: Jesus begegnen
© Brigg Pädagogik Verlag GmbH, Augsburg

B22 Stadt Jerusalem

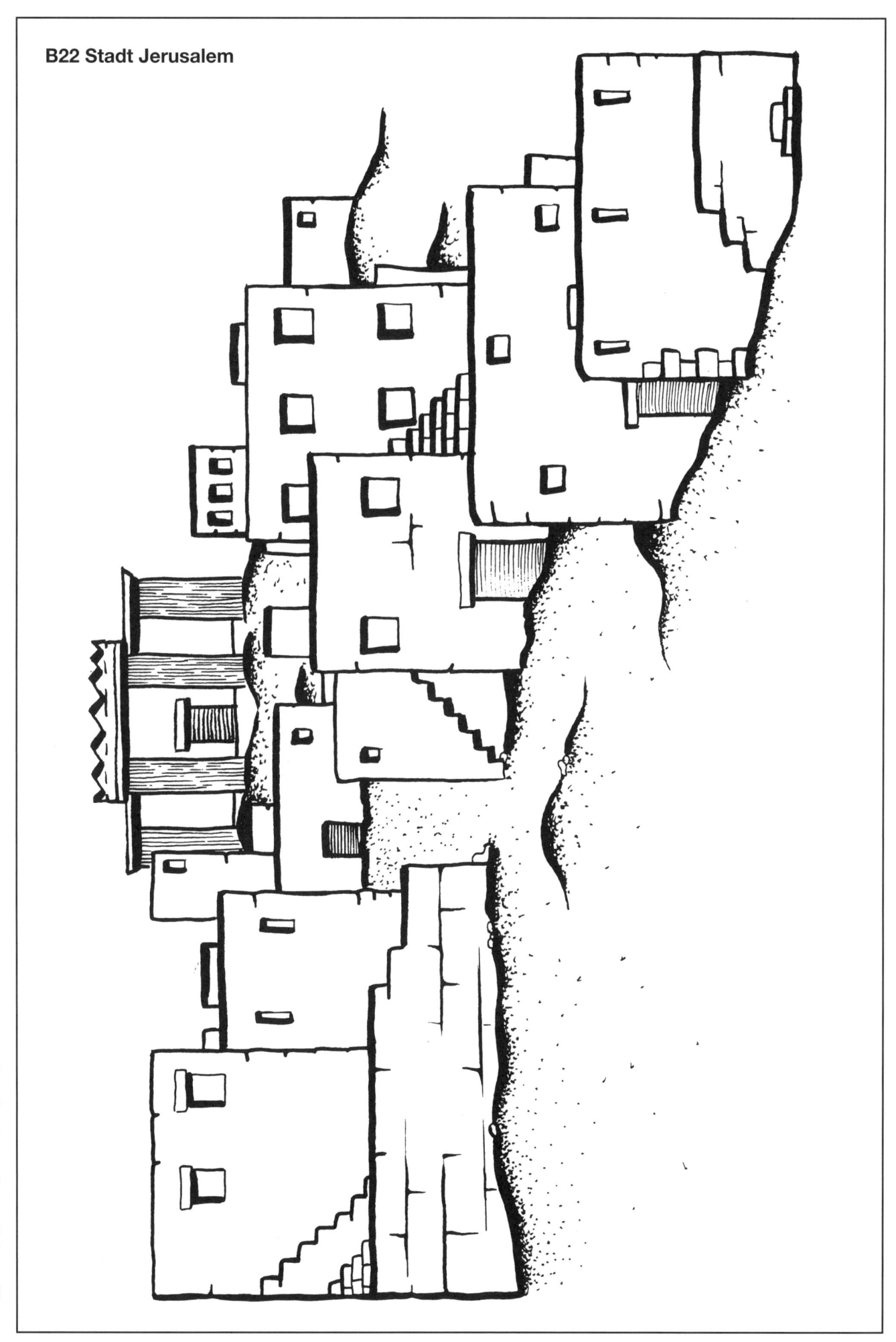

B23 Wolke

B24 Johannes der Täufer

B25 Taube

B26 Steine

B27 Teufel

B28 Wüste **B29 Wasser**

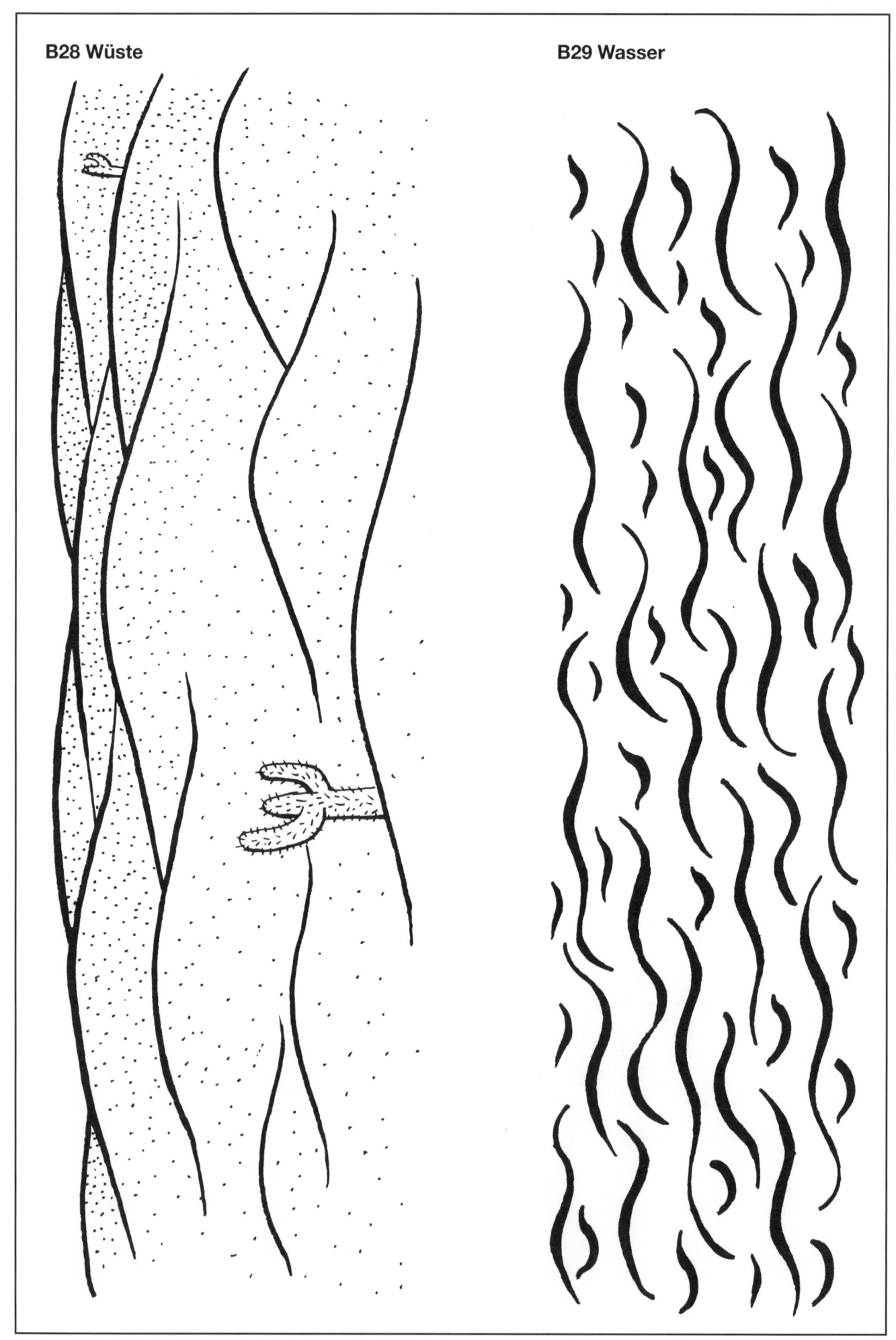

Georg Schädle: Jesus begegnen
© Brigg Pädagogik Verlag GmbH, Augsburg

B30 Berg

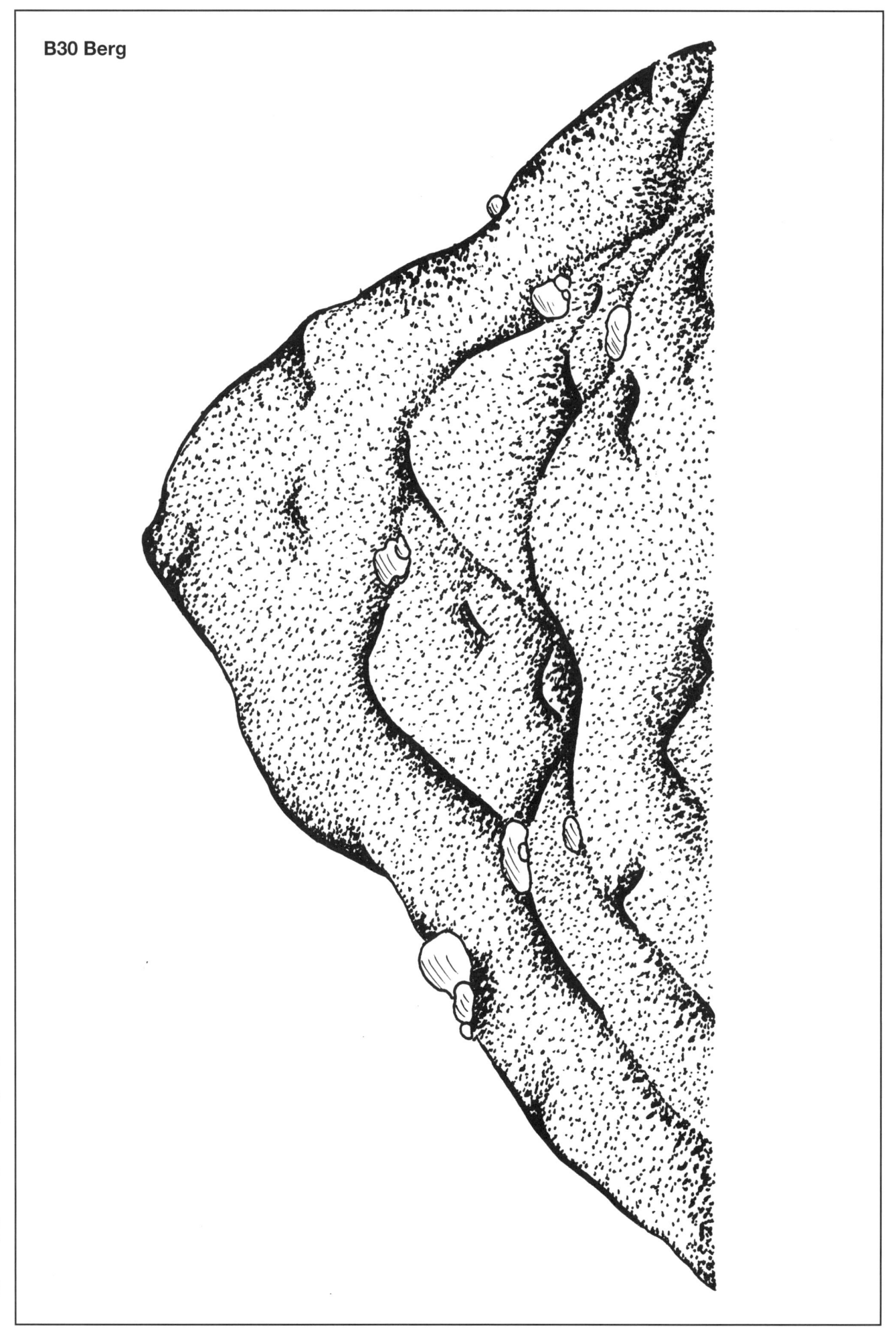

B31 Synagoge

B32 Heiliges Buch

B33 Leute

B34 Berg mit Abhang

B35 Boot

B36 Simon   **B37 Andreas**   **B38 Jakobus und Johannes**

B39 vier Jünger

B40 vier Jünger

B41 sechs Wasserkrüge

B42 festlich gedeckter Tisch

B43 Diener

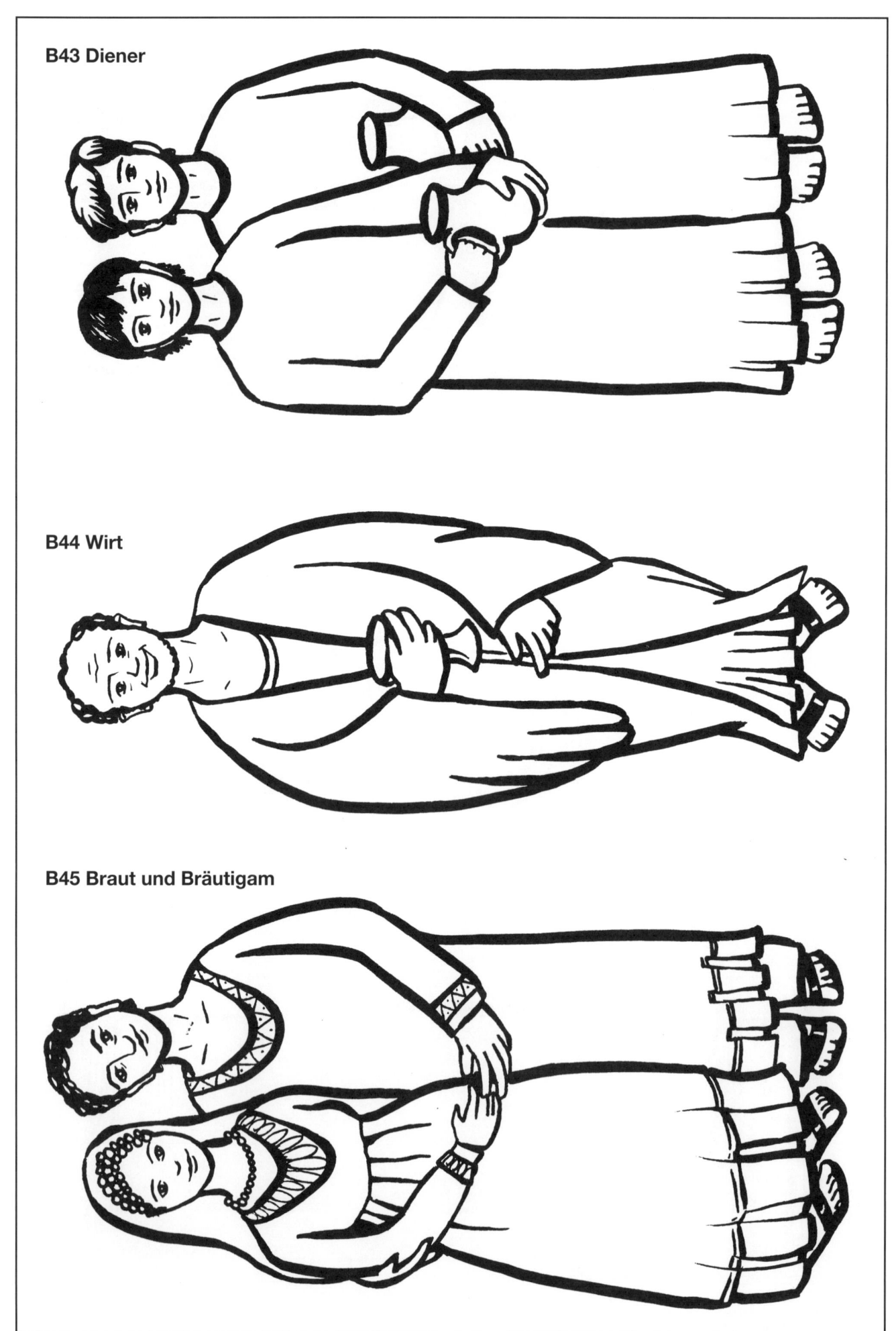

B44 Wirt

B45 Braut und Bräutigam

Georg Schädle: Jesus begegnen
© Brigg Pädagogik Verlag GmbH, Augsburg

B46 blinder Bartimäus

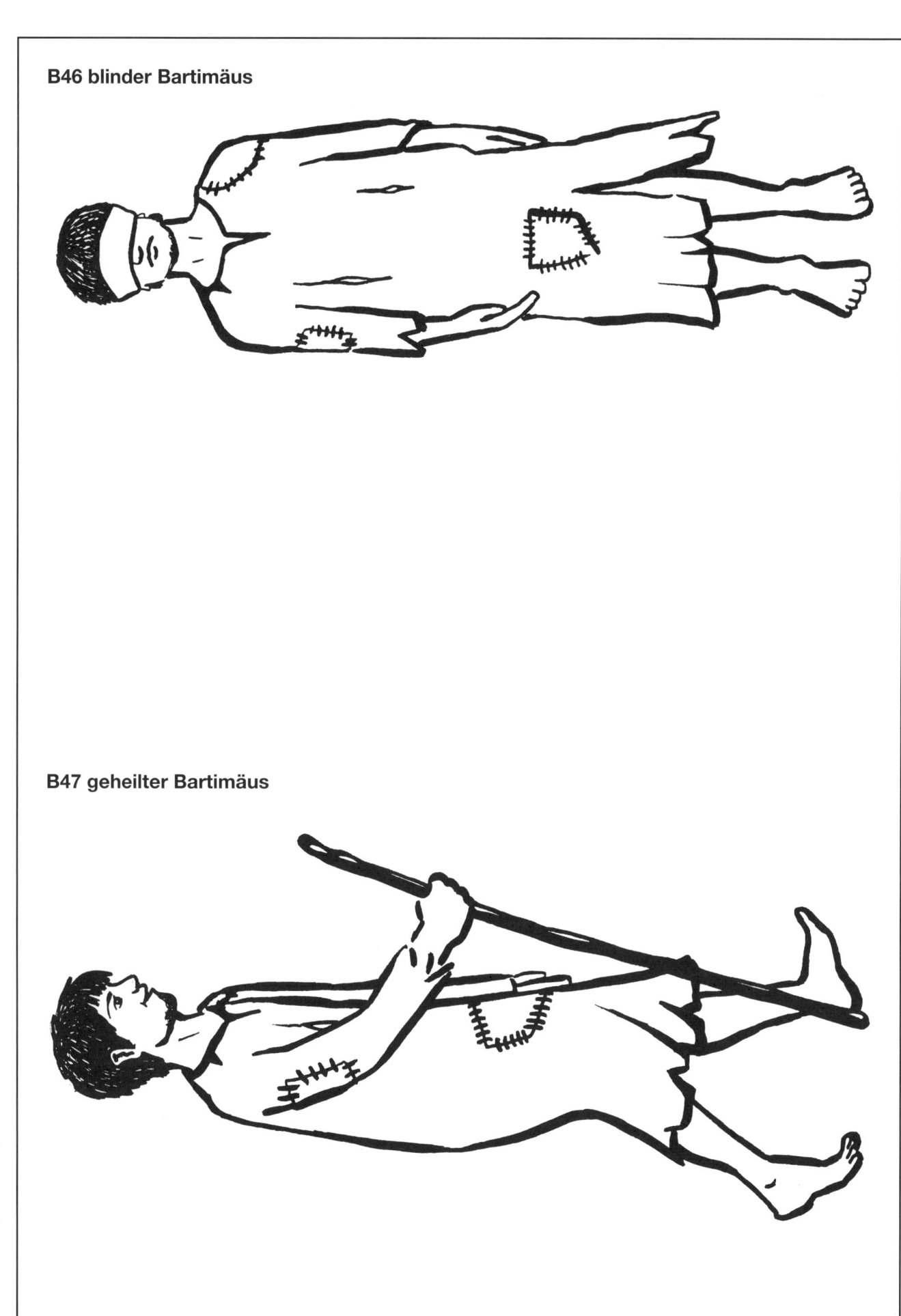

B47 geheilter Bartimäus

B48 Taubstummer

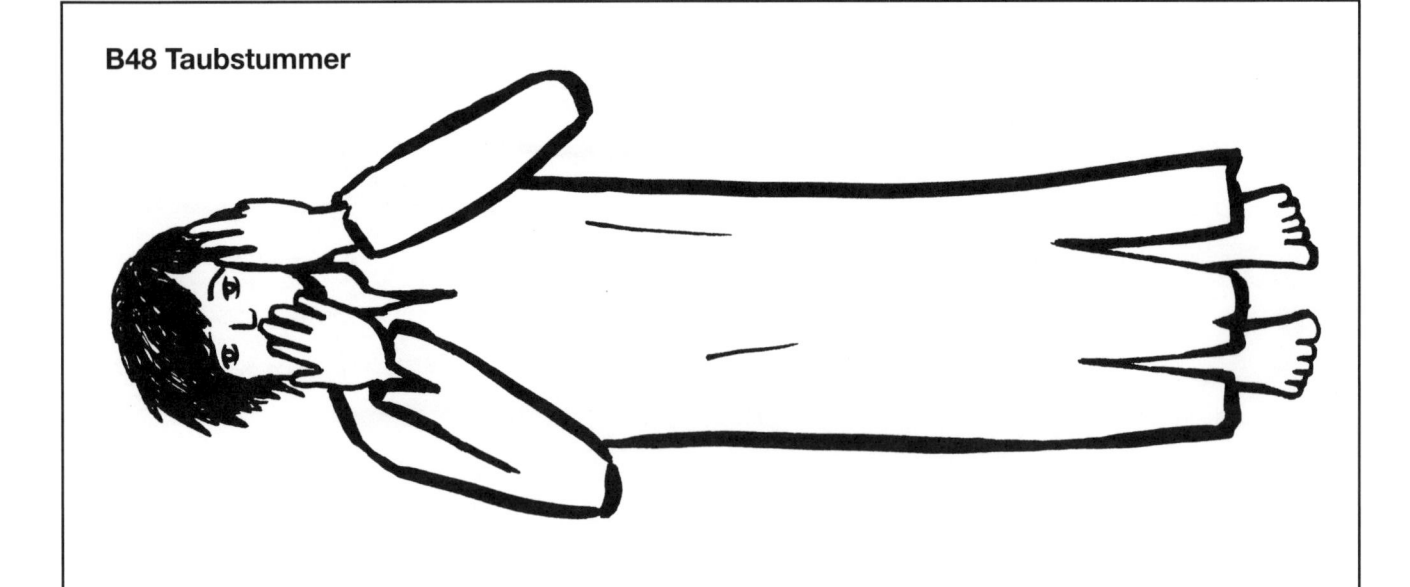

B49 geheilter Taubstummer

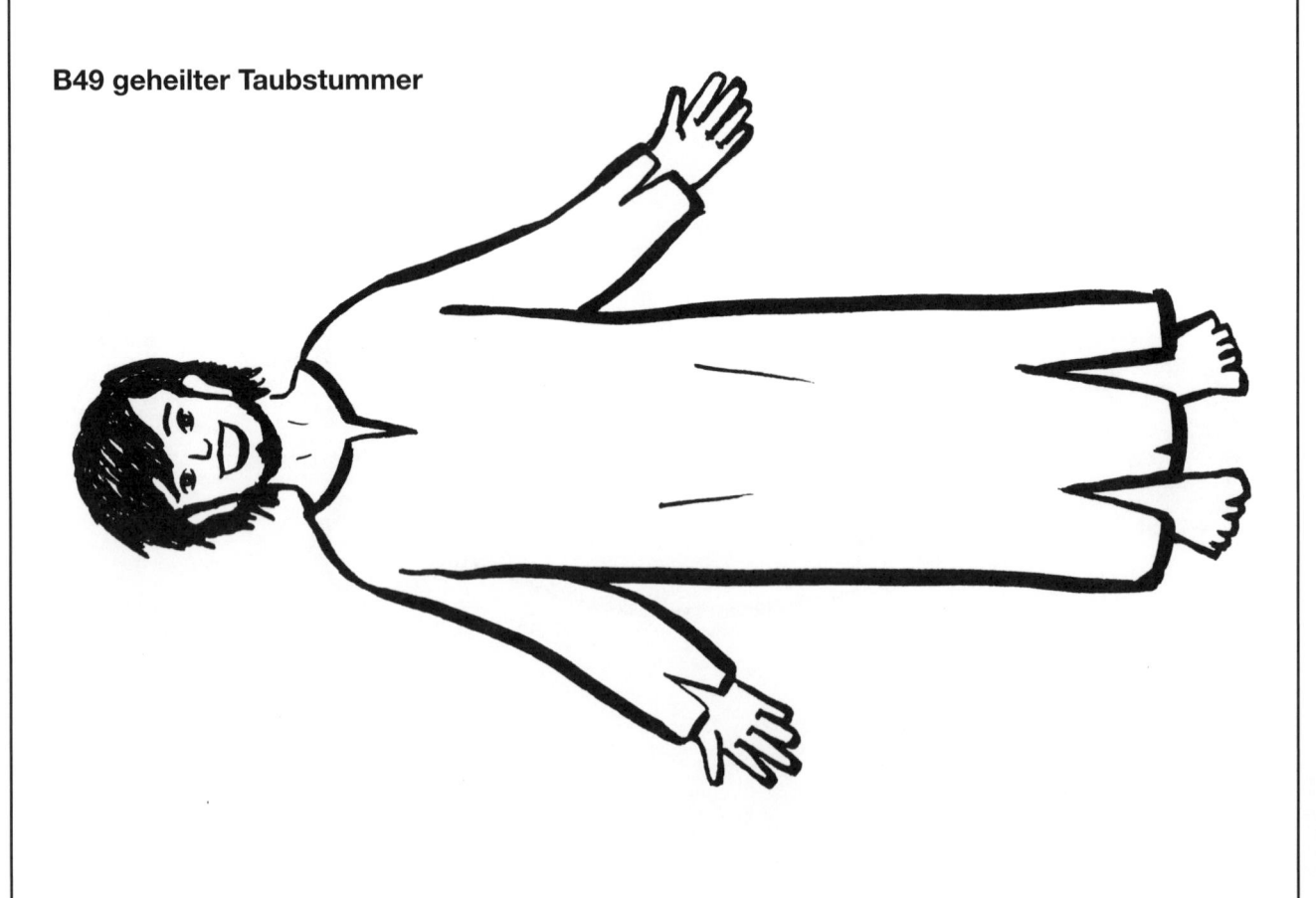

Georg Schädle: Jesus begegnen
© Brigg Pädagogik Verlag GmbH, Augsburg

B50 Besessene

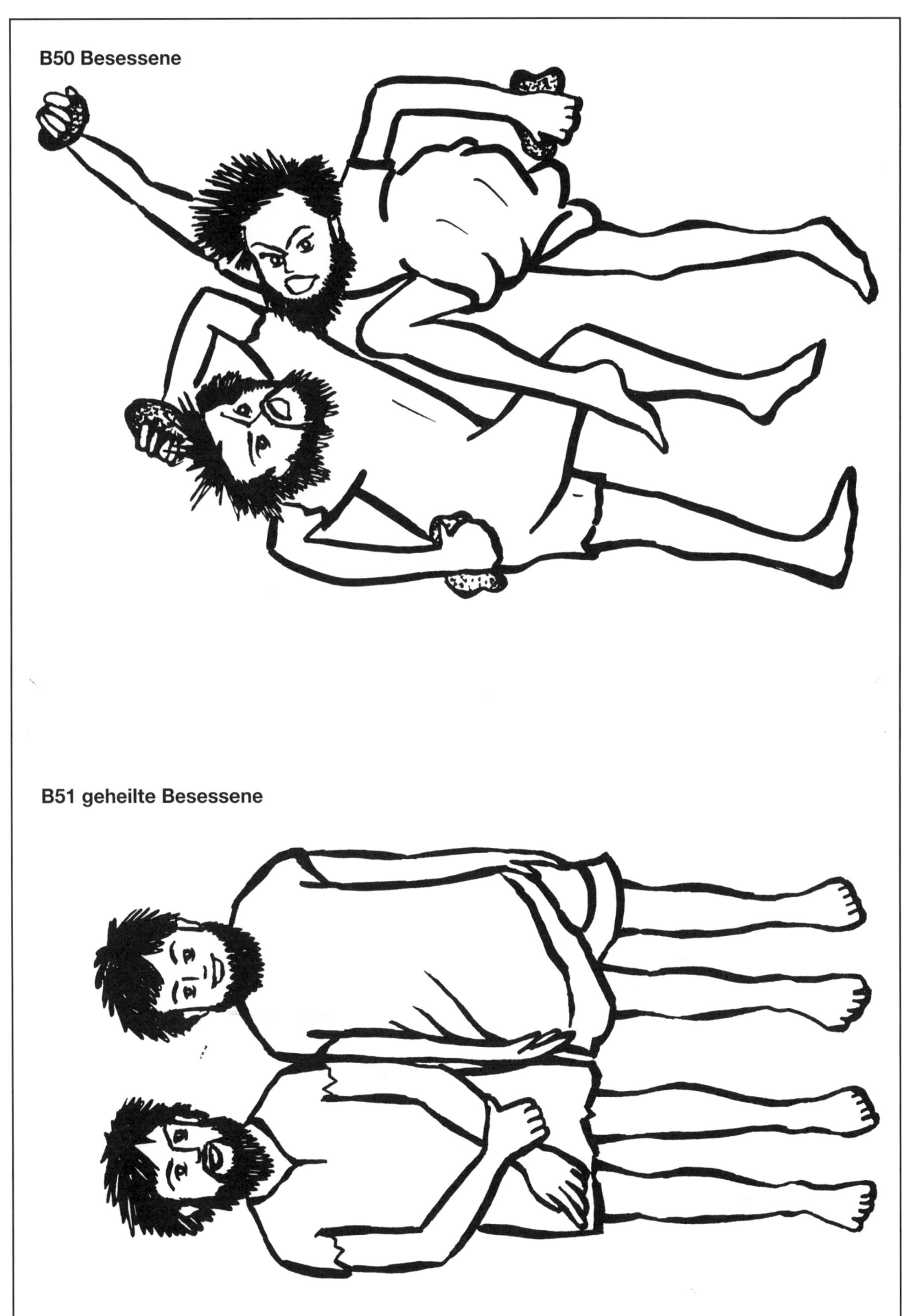

B51 geheilte Besessene

B52 Abhang

B53 Schweineherde

B54 Höhle

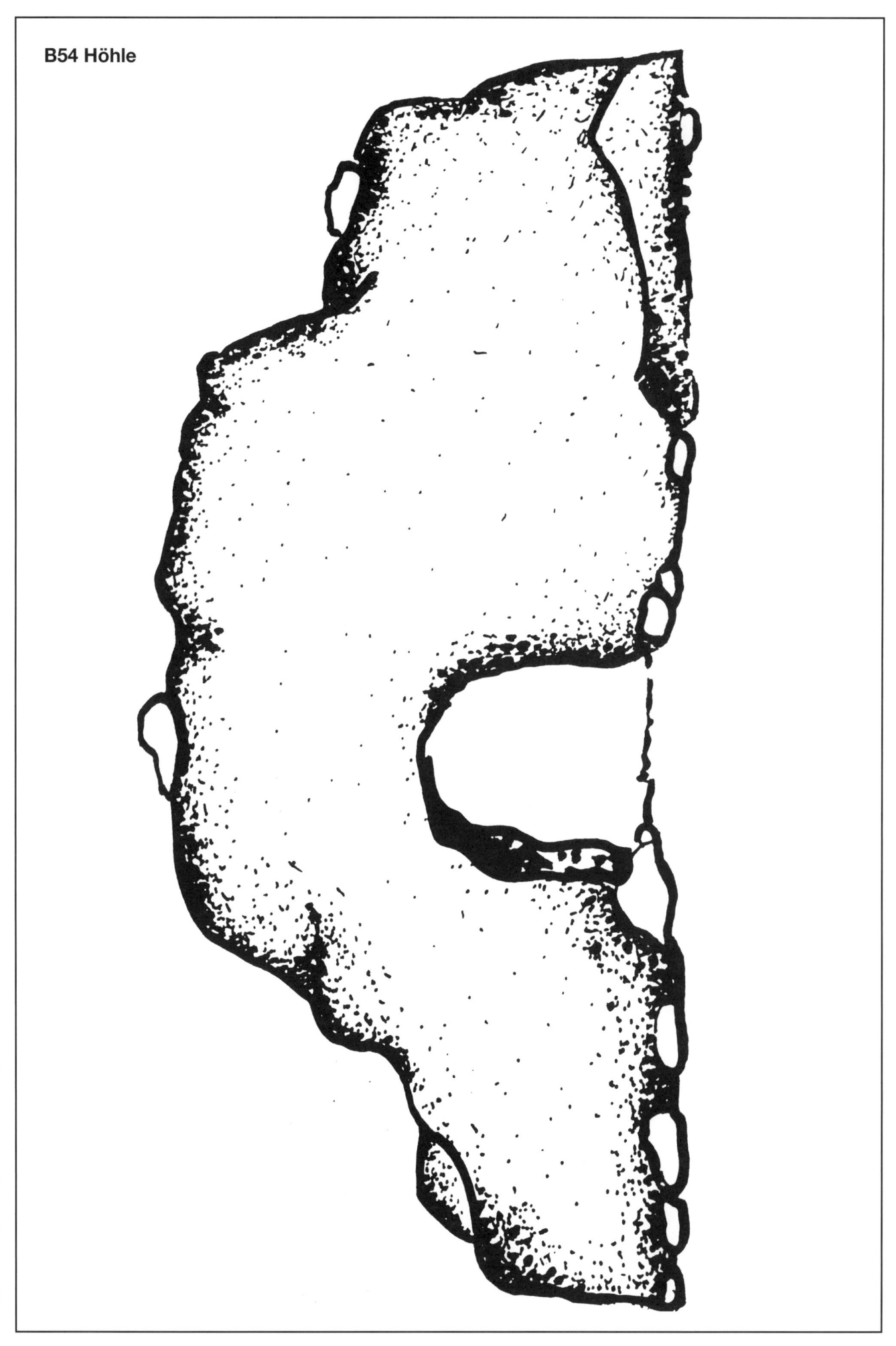

B55 Haus

B56 Priester

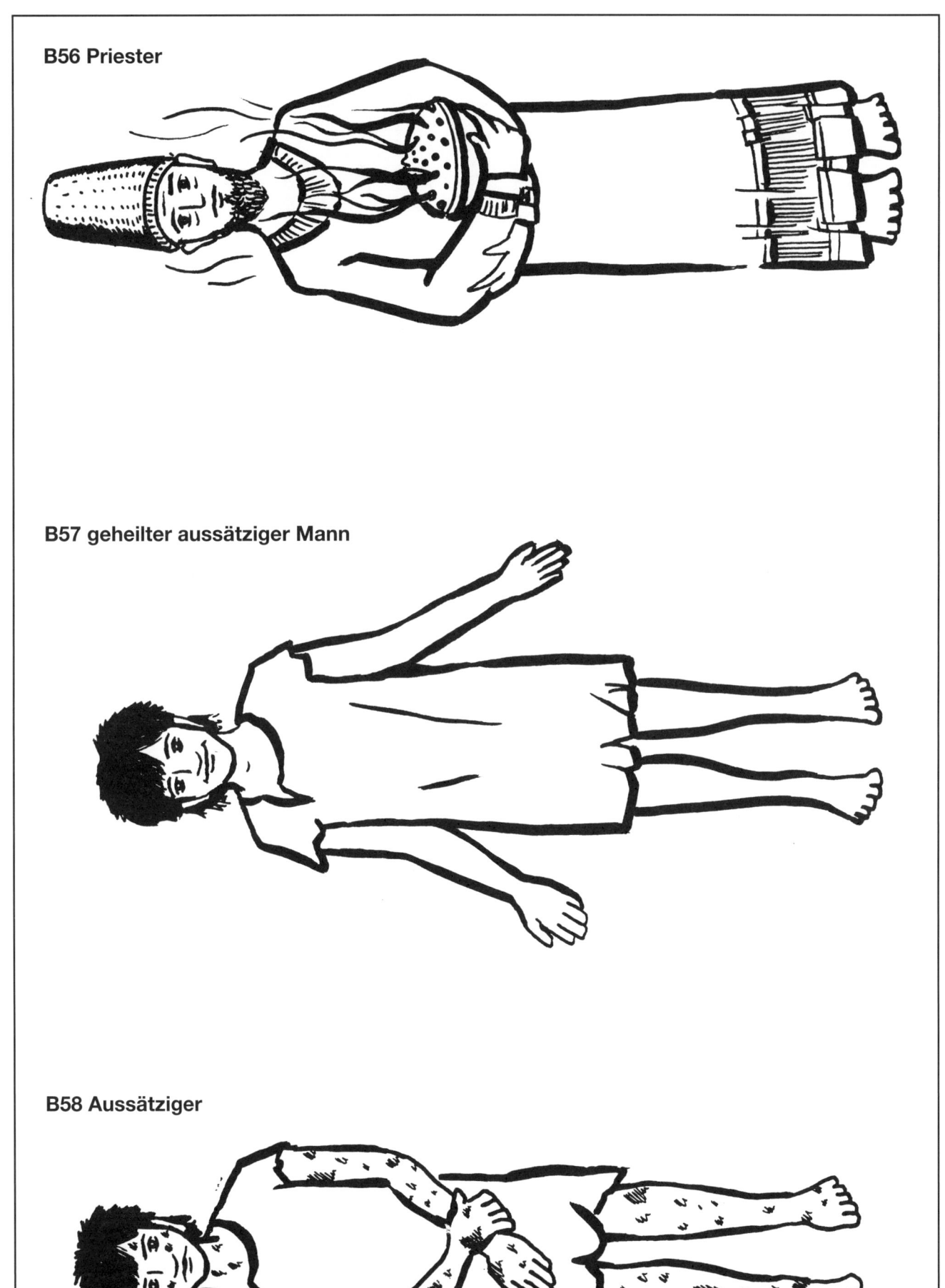

B57 geheilter aussätziger Mann

B58 Aussätziger

B59 Schriftgelehrte

B60 Pharisäer

B61 Steine

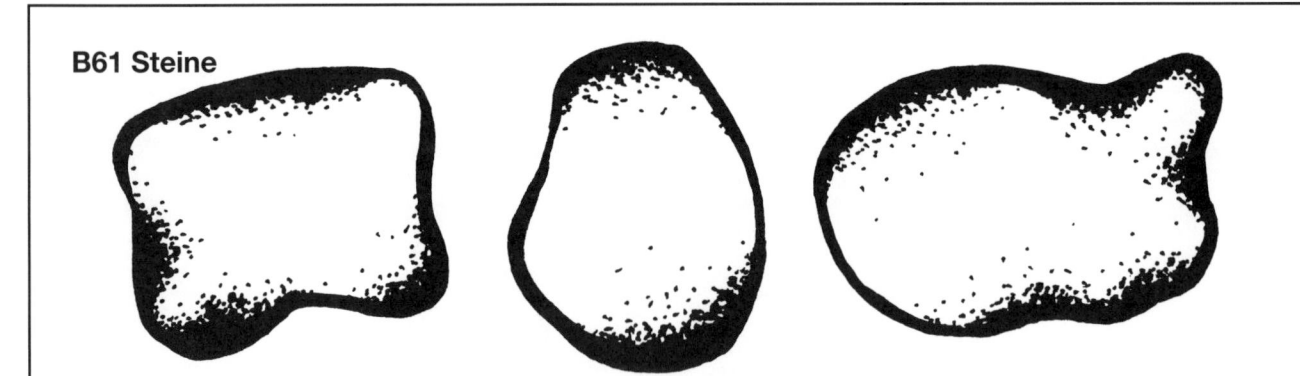

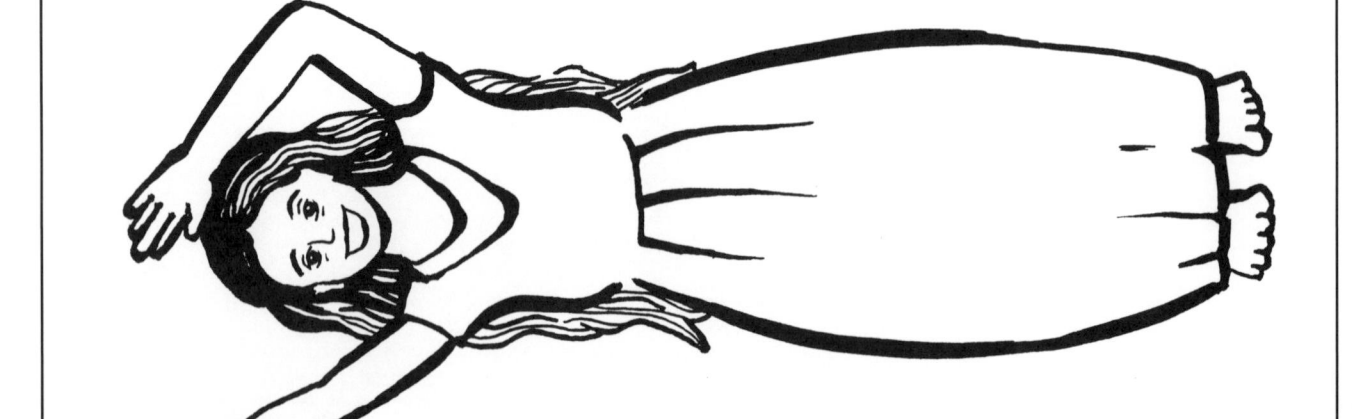

B62 Sünderin

B63 erlöste Frau

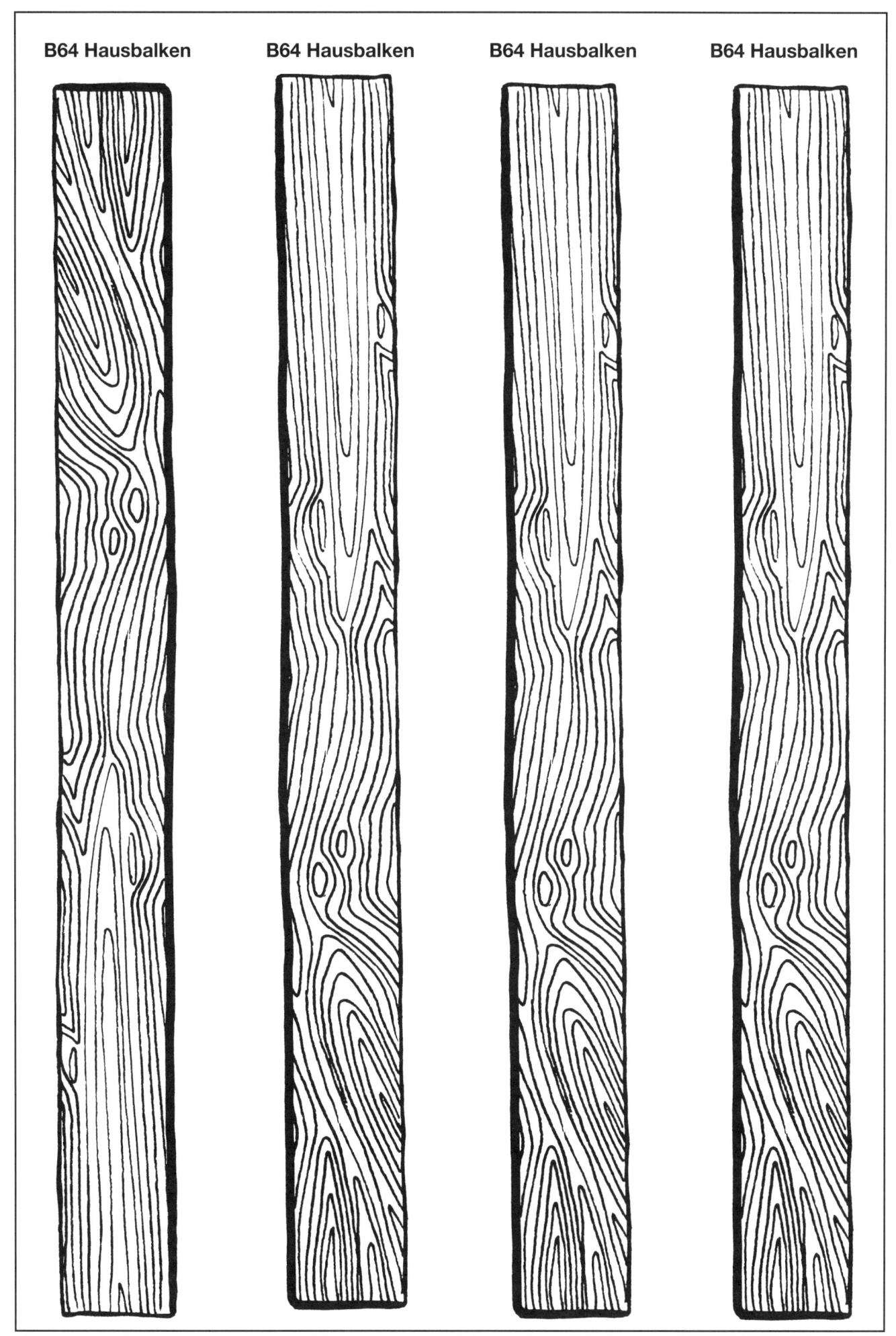

B64 Hausbalken **B64 Hausbalken** **B64 Hausbalken** **B64 Hausbalken**

B65 Tragbahre

B66 Lahmer

B67 helfender Mann

B68 helfender Mann

B69 Zachäus

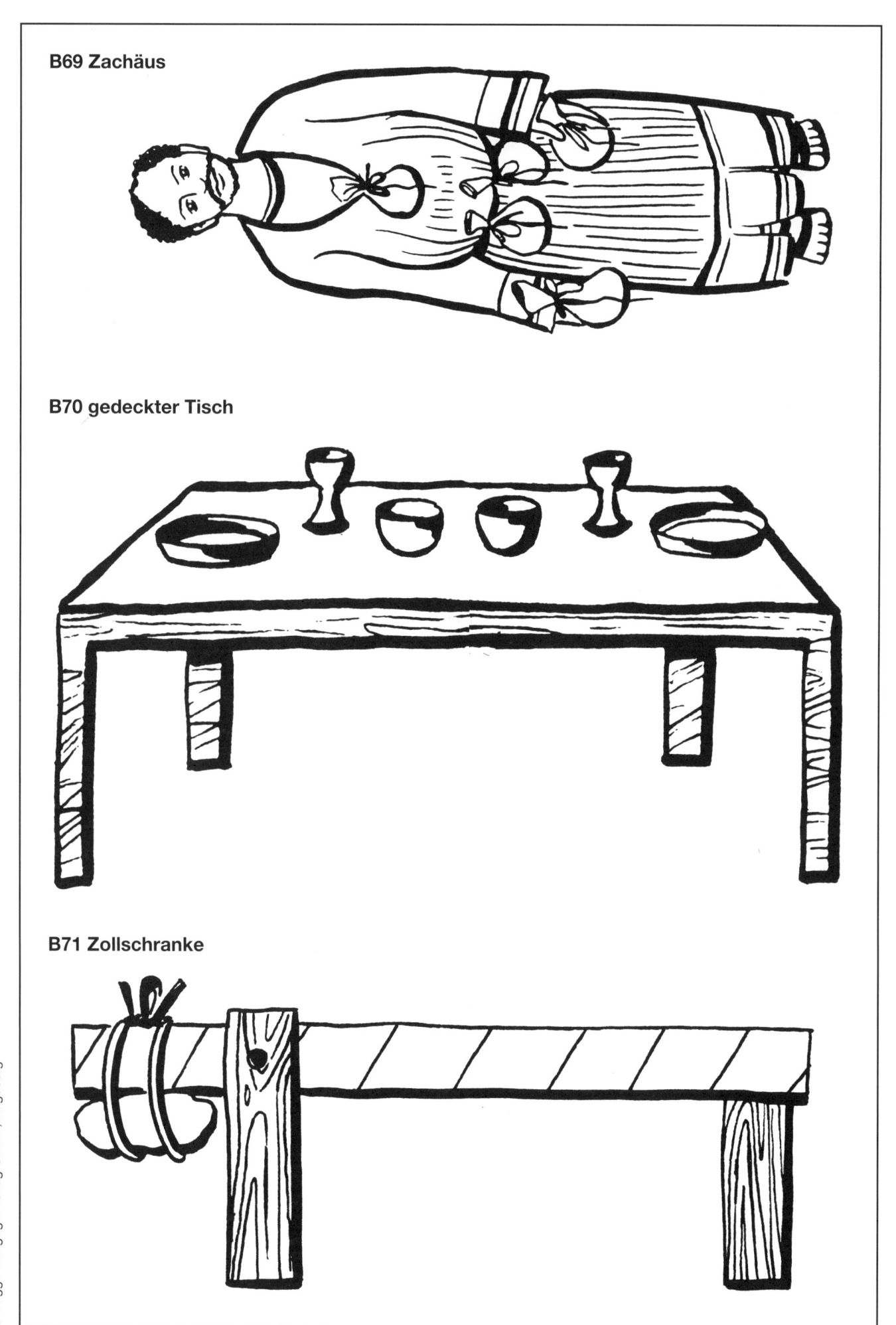

B70 gedeckter Tisch

B71 Zollschranke

B72 Stadttor

B73 Feigenbaum

B74 Zöllner und Sünder

B75 neunundneunzig Schafe

B76 Hirte

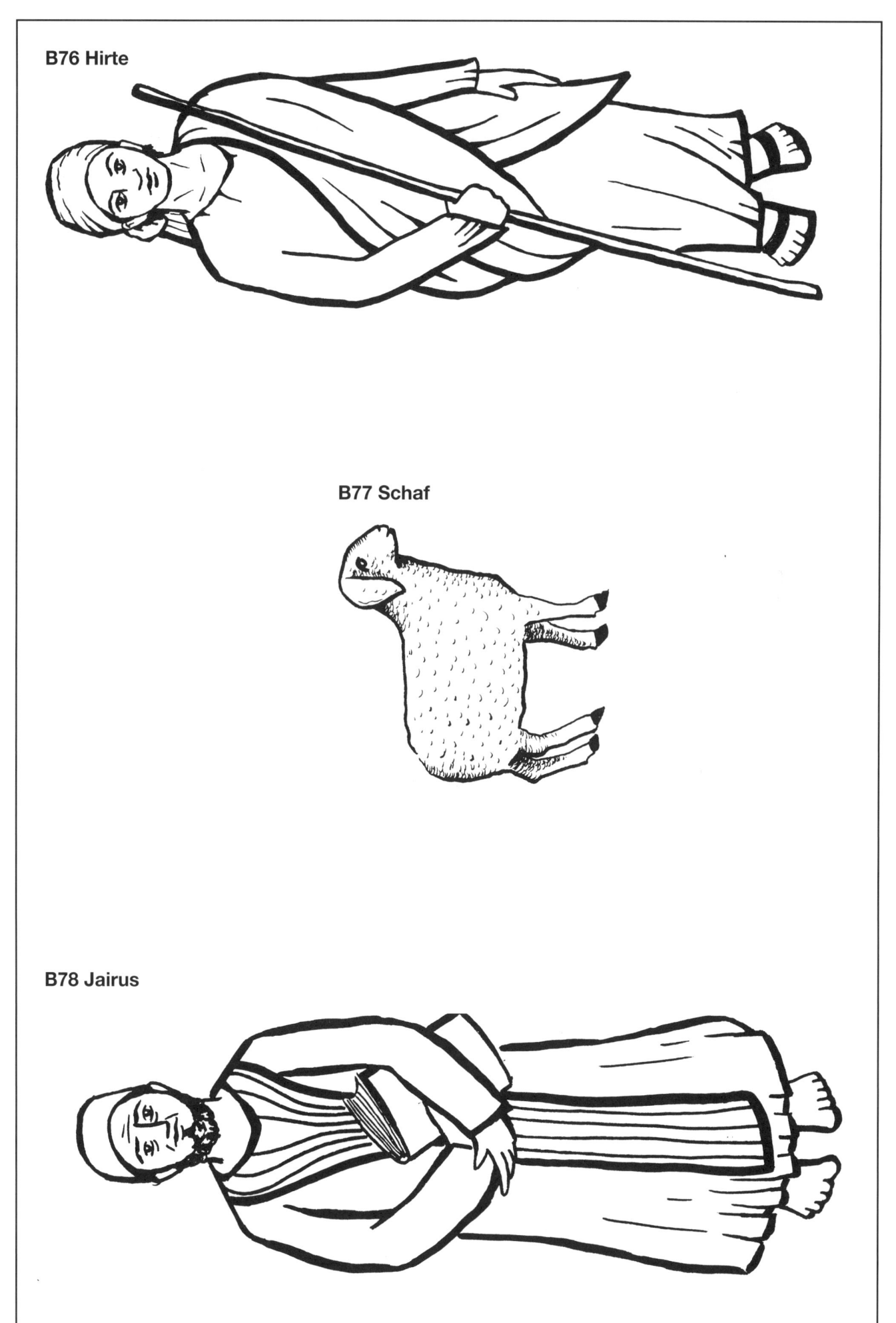

B77 Schaf

B78 Jairus

B79 Mann

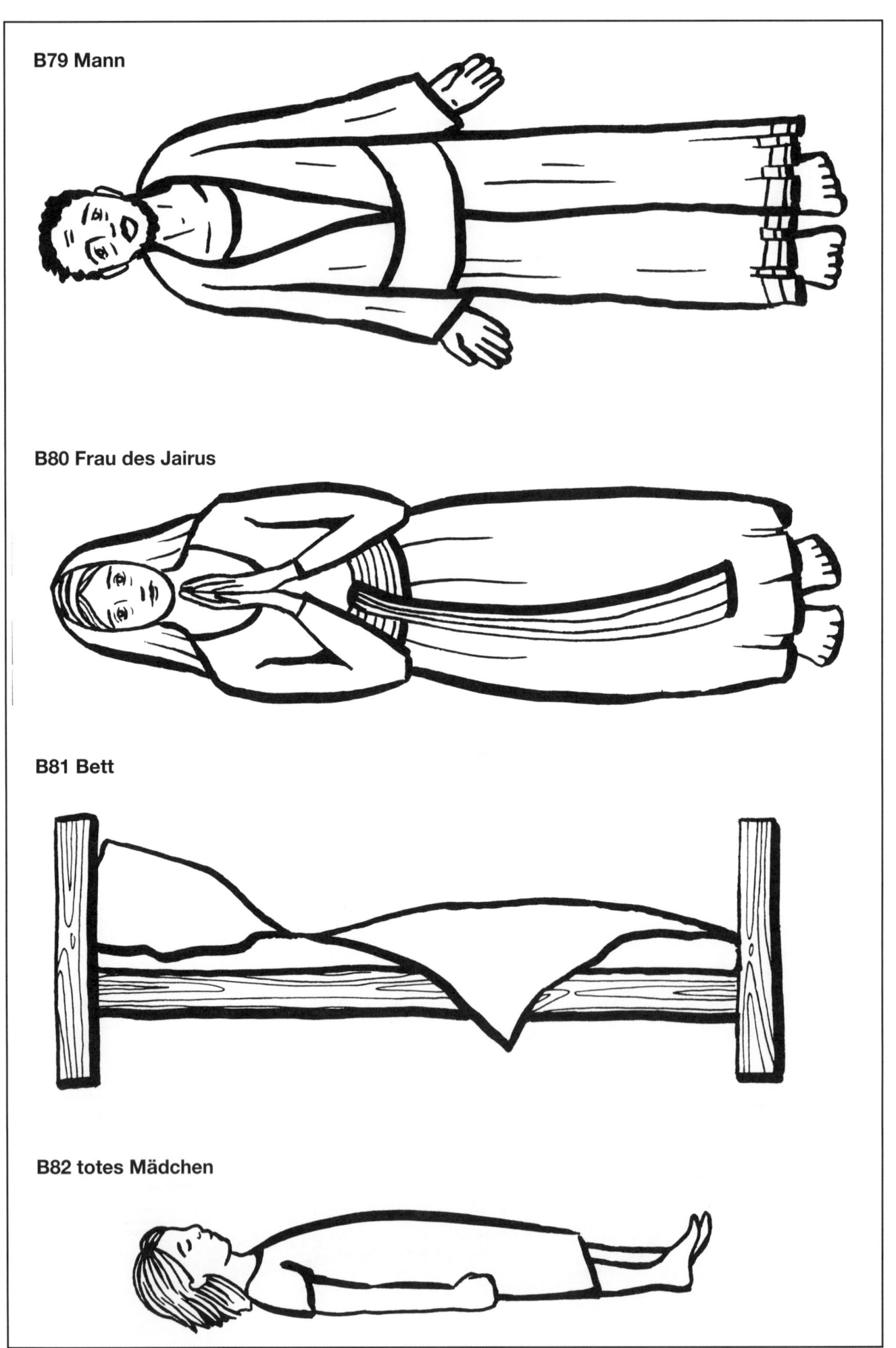

B80 Frau des Jairus

B81 Bett

B82 totes Mädchen

B83 drei Jünger

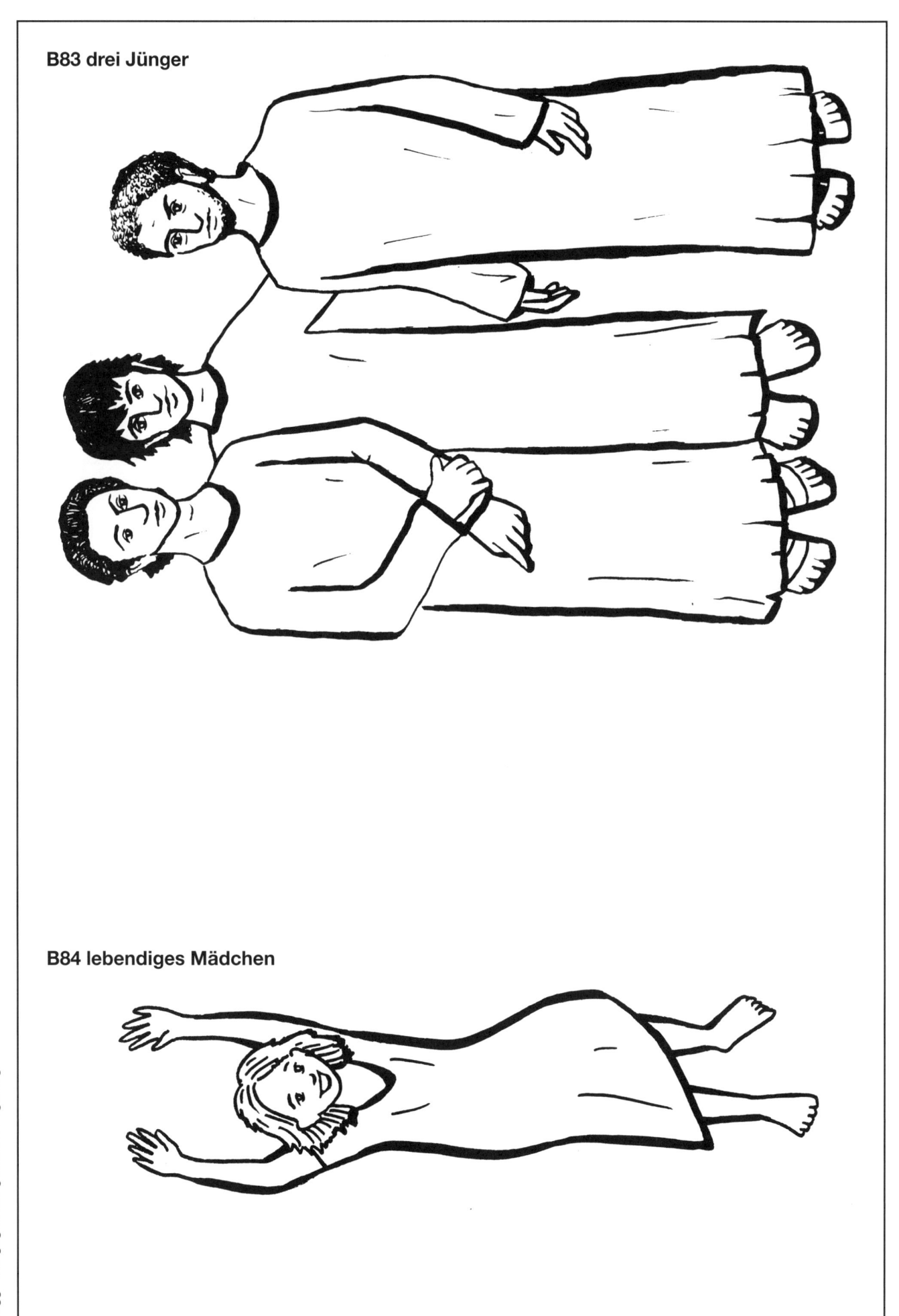

B84 lebendiges Mädchen

B85 Wellen **B86 Boot**

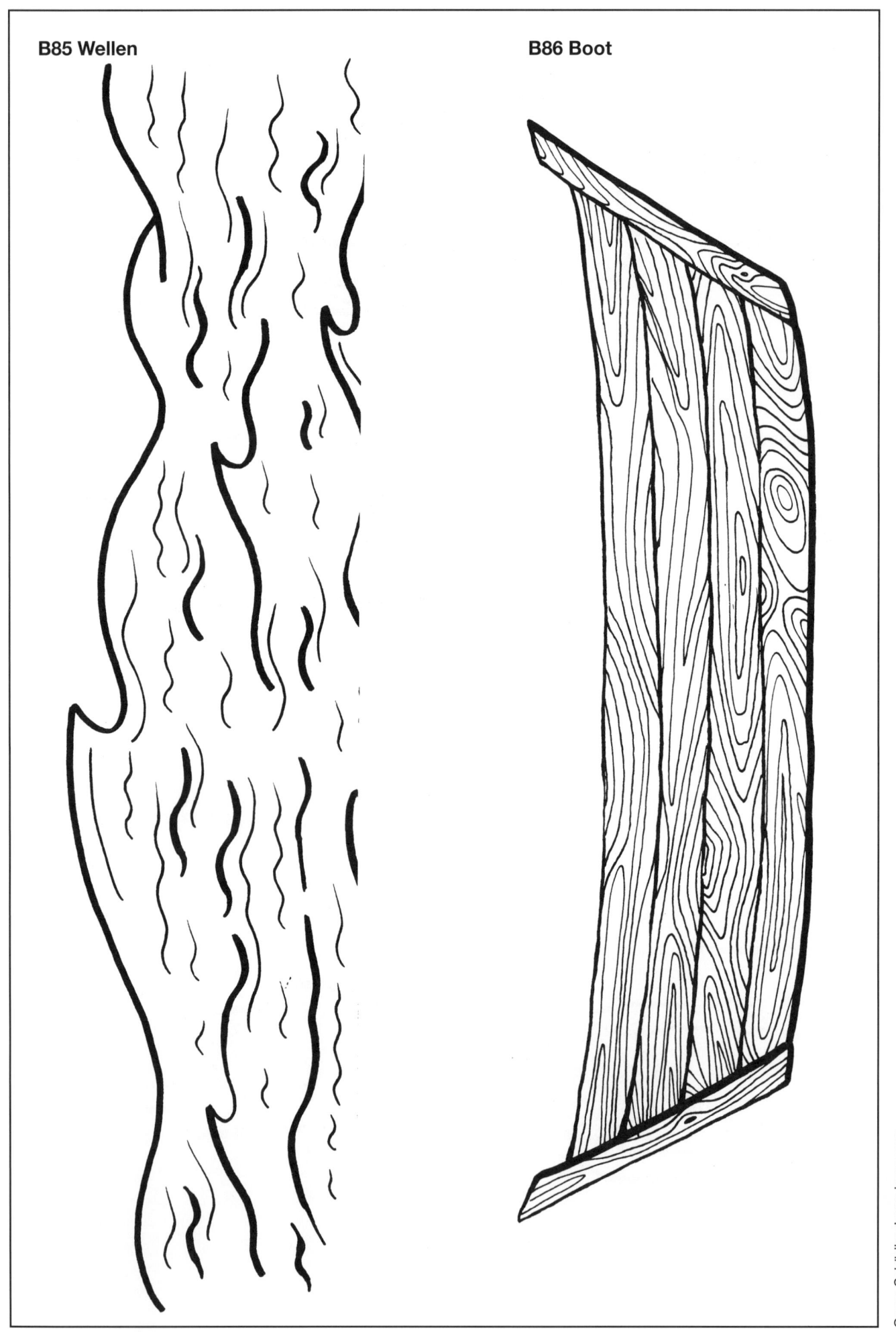

B87 Ufer

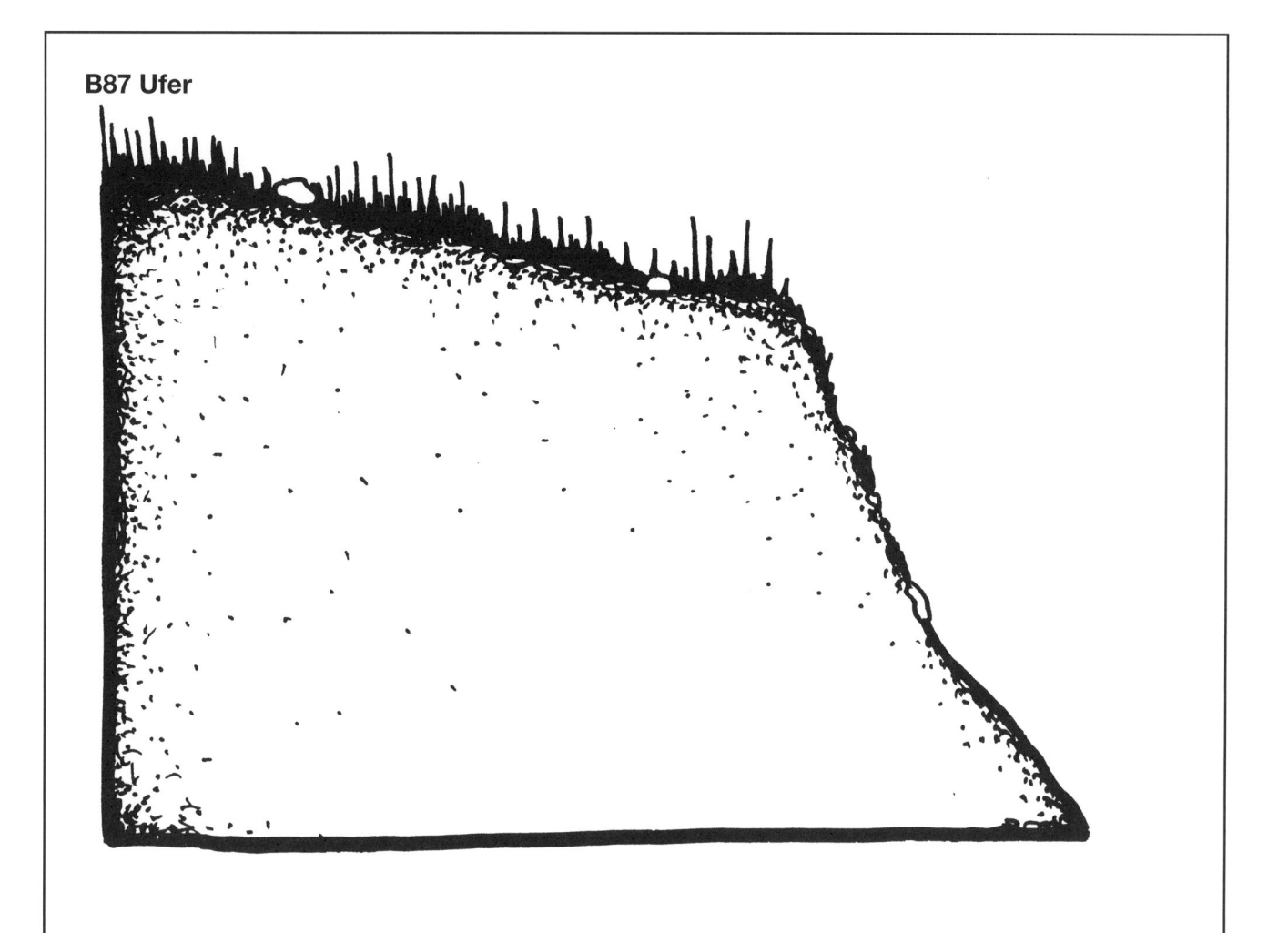

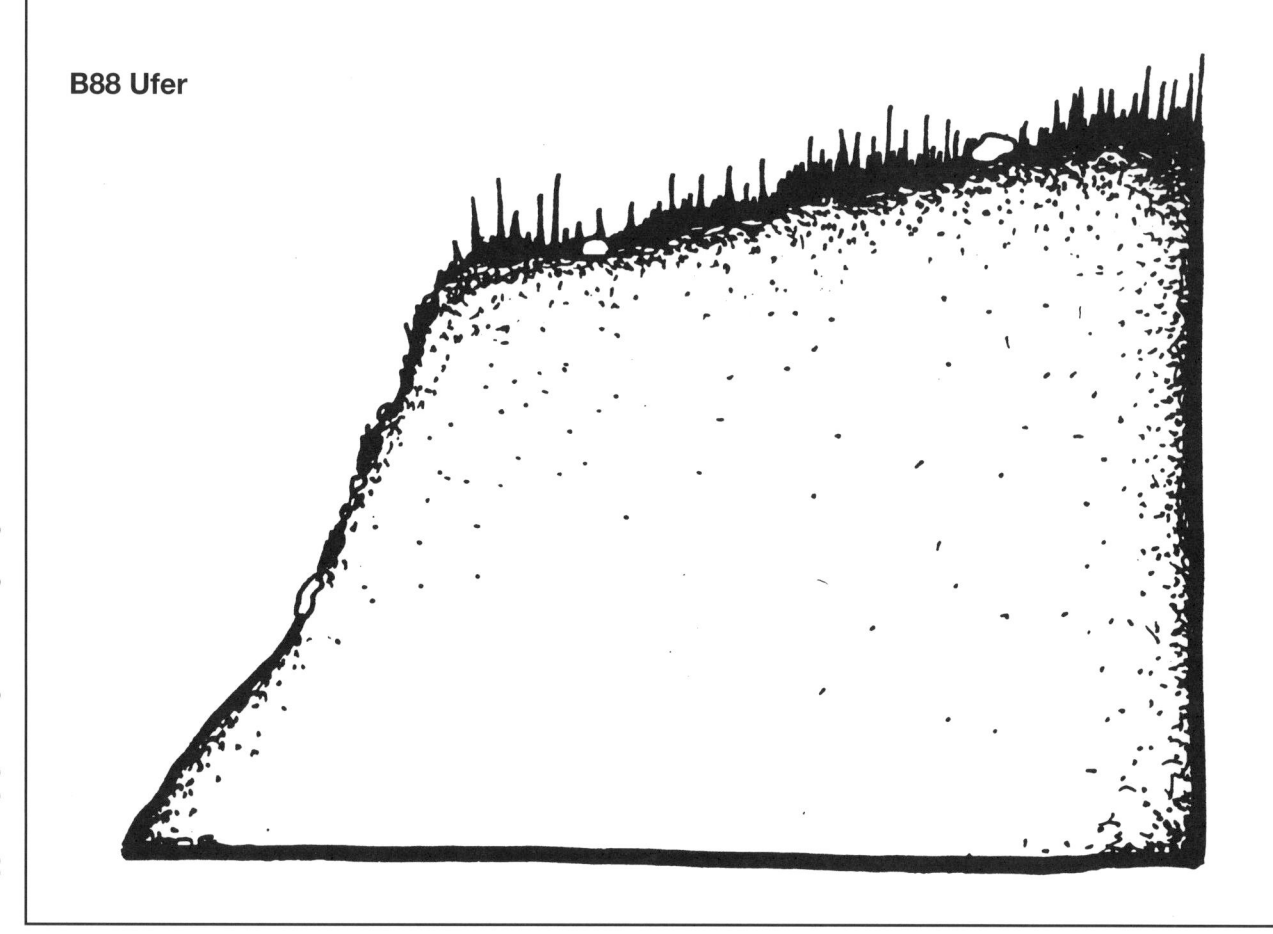

B88 Ufer

B89 Kinder

B90 Kind

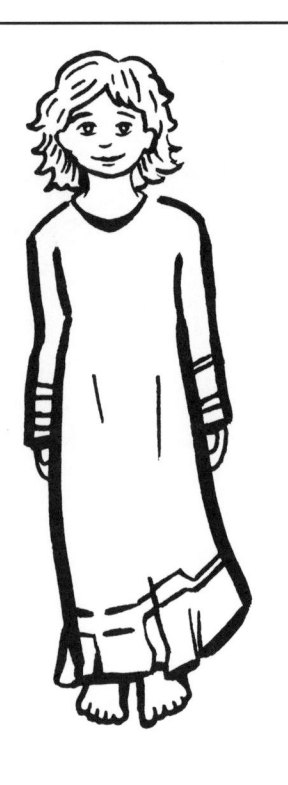

B91 Leute (Mütter)

B92 Junge

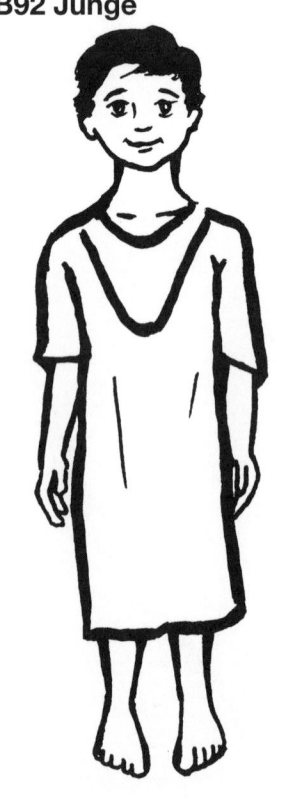

B93 Korb mit 5 Broten

B94 Korb mit 2 Fischen

B95 sechs Körbe mit Brotstücken

B96 Mann mit verdorrter Hand

B97 Mann mit gesunder Hand

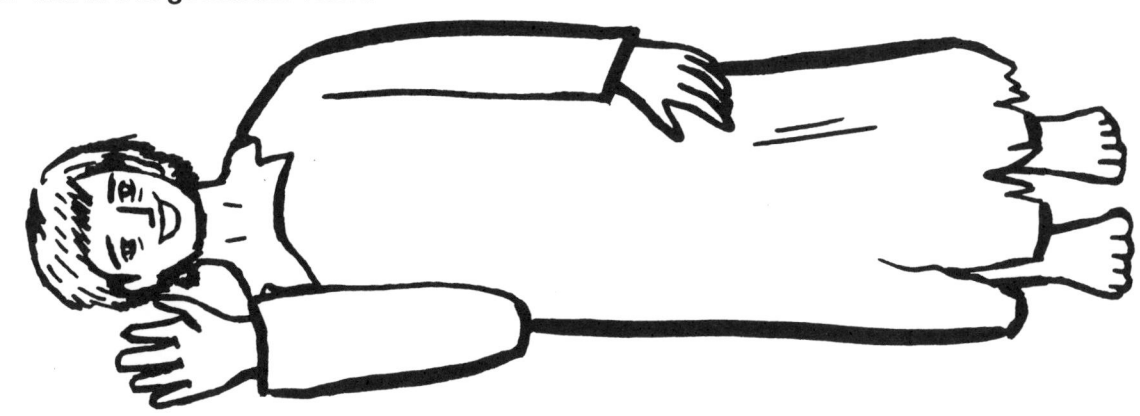

B98 Esel

Georg Schädle: Jesus begegnen
© Brigg Pädagogik Verlag GmbH, Augsburg

B99 Stadttor von Jerusalem

B101 Hohe Priester

B100 Palmzweig

B102 Münzen

B103 Tauben

B104 Mantel

B105 Händler

B107 Tempelvorhof

B106 Tisch

B108 großer Tisch (Teil 1)

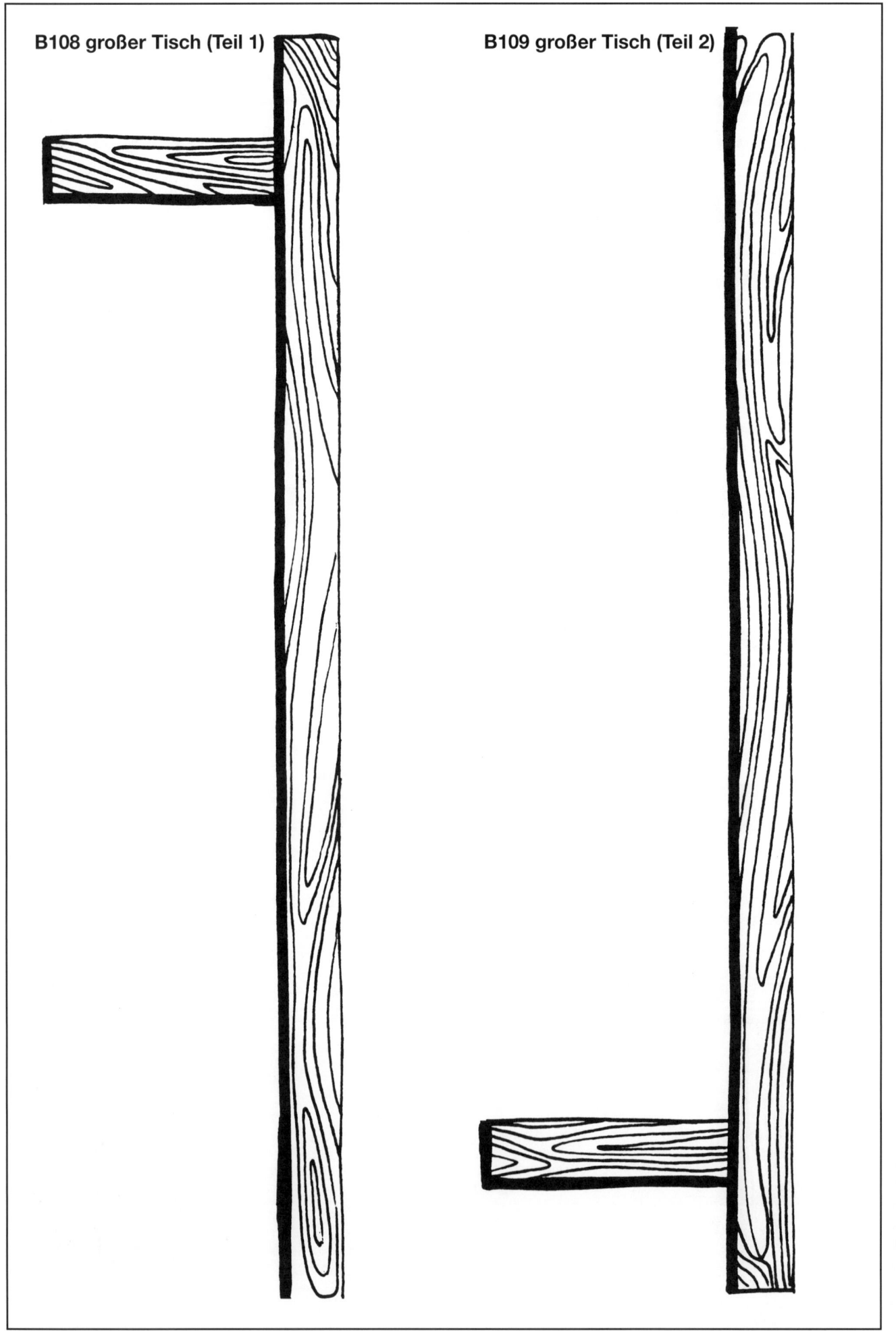

B109 großer Tisch (Teil 2)

B110 Jünger 1

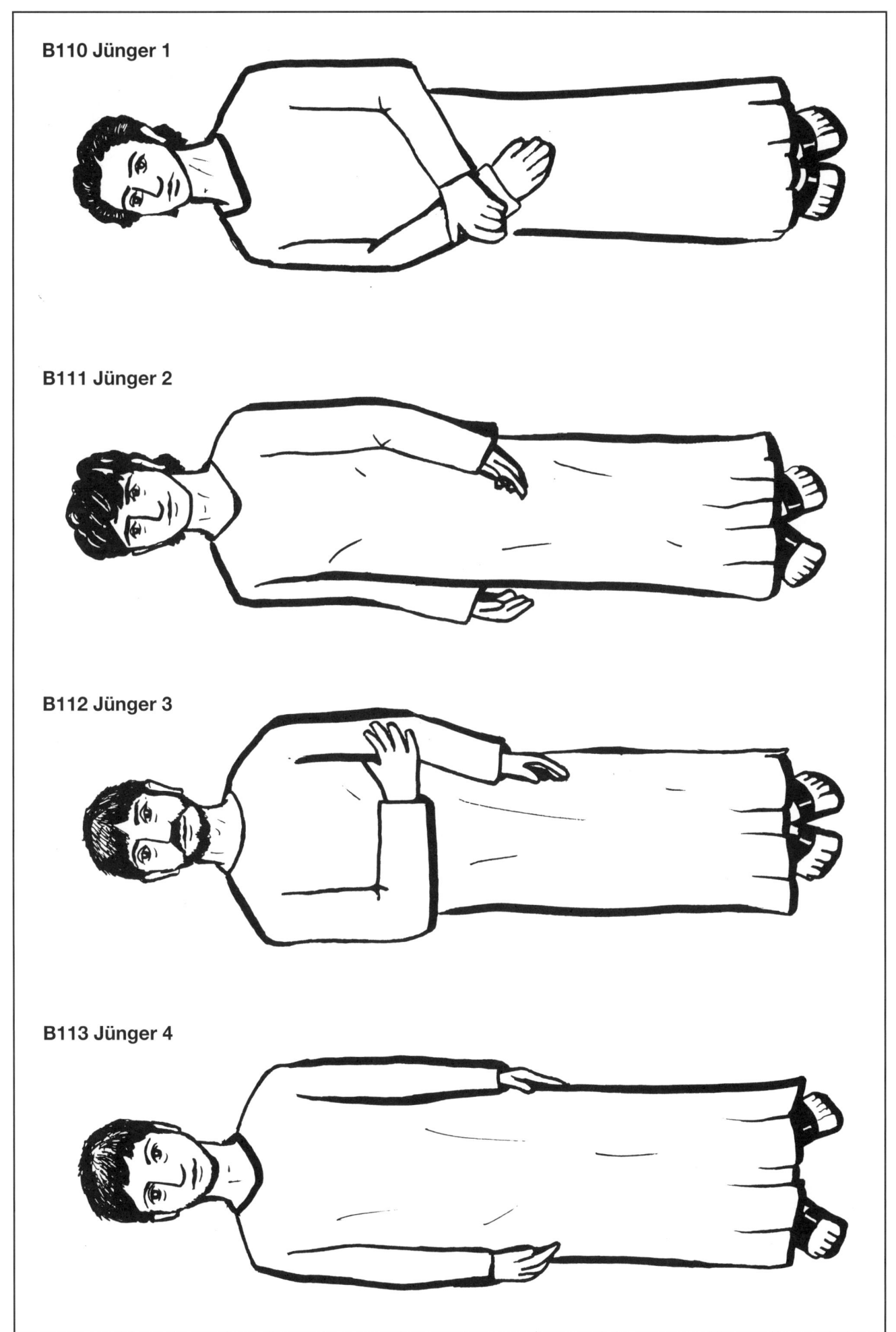

B111 Jünger 2

B112 Jünger 3

B113 Jünger 4

B114 Jünger 5

B115 Jünger 6

B116 Jünger 7

B117 Jünger 8

Georg Schädle: Jesus begegnen
© Brigg Pädagogik Verlag GmbH, Augsburg

B118 Jünger 9

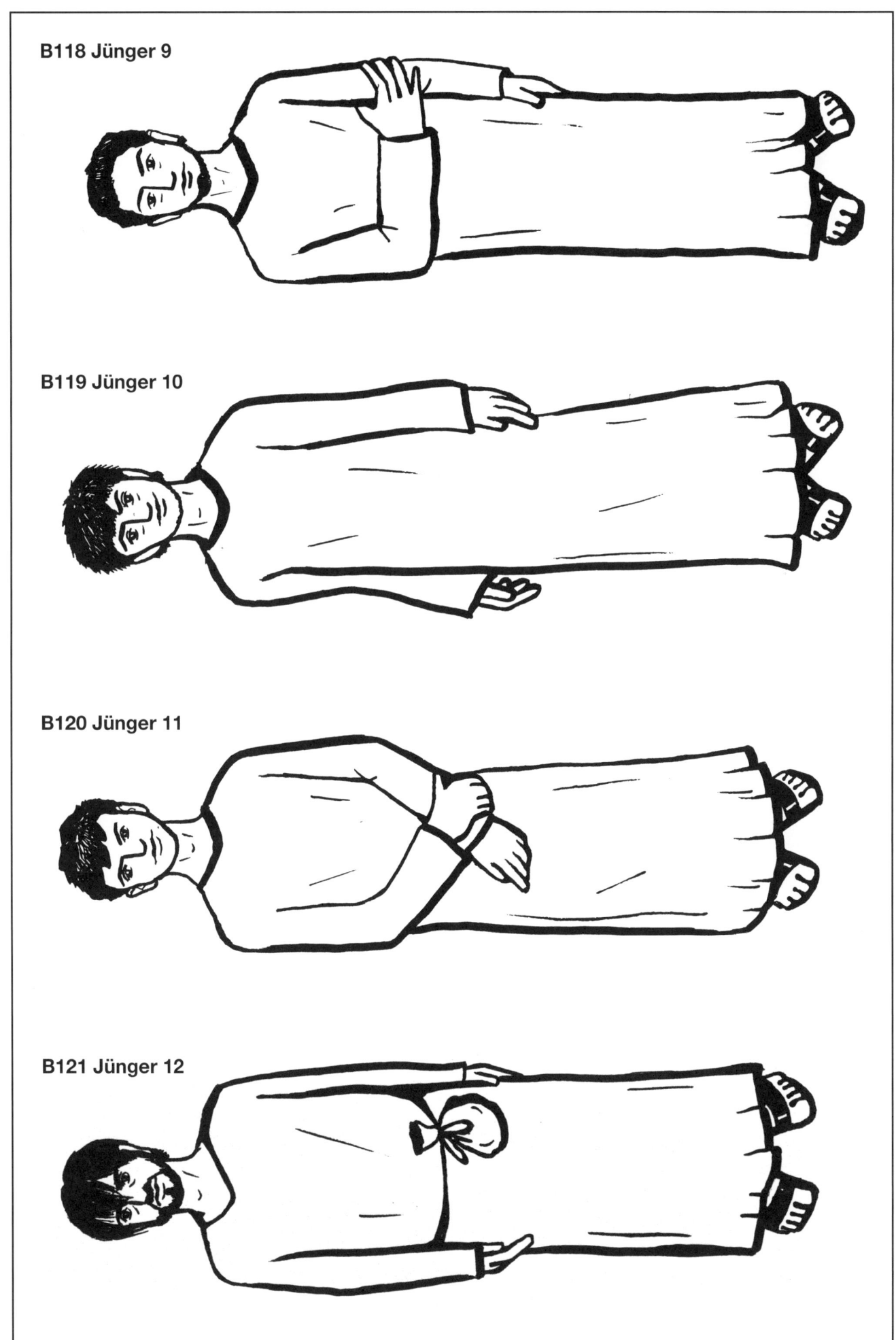

B119 Jünger 10

B120 Jünger 11

B121 Jünger 12

B122 Schale mit Brot

B123 Kelch mit Wein

B124 Rollstein

B125 Grab

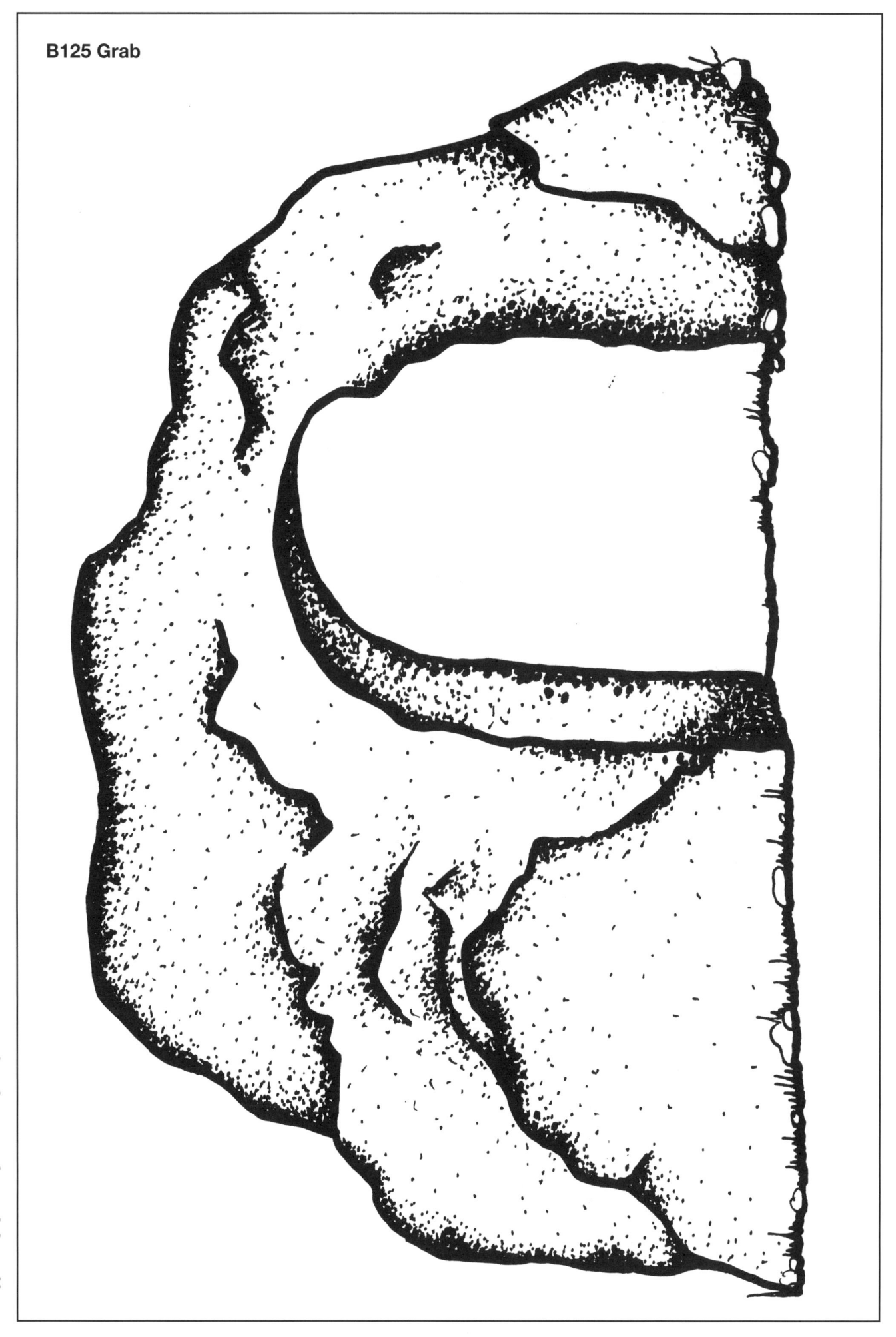

B126 Ölberg

B127 Platz

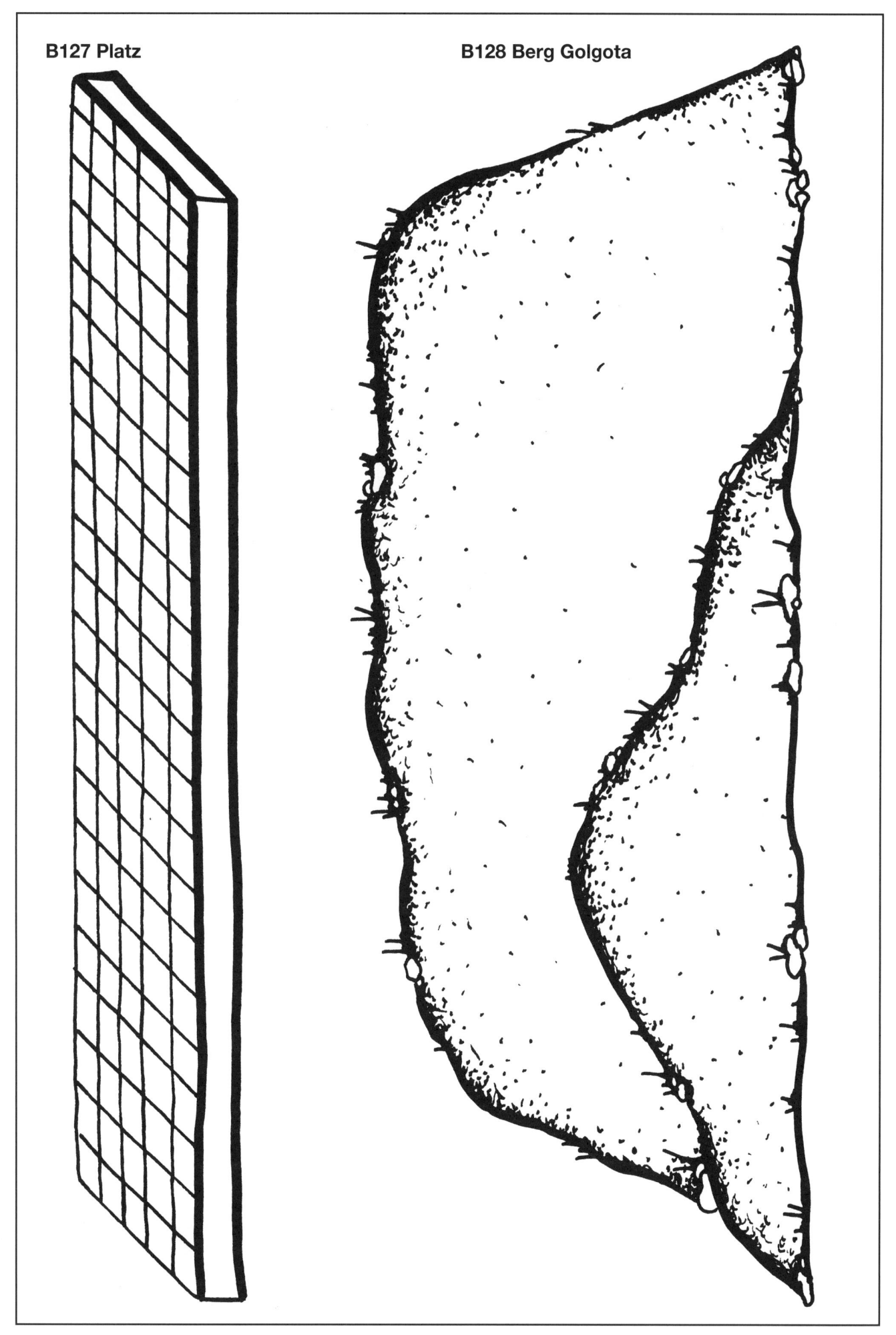

B128 Berg Golgota

B129 Soldaten

B130 traurige Frauen

B131 der Hohe Rat

B132 Pontius Pilatus

B133 Josef von Arimatäa

B134 Kreuz

B135 Jesus am Kreuz

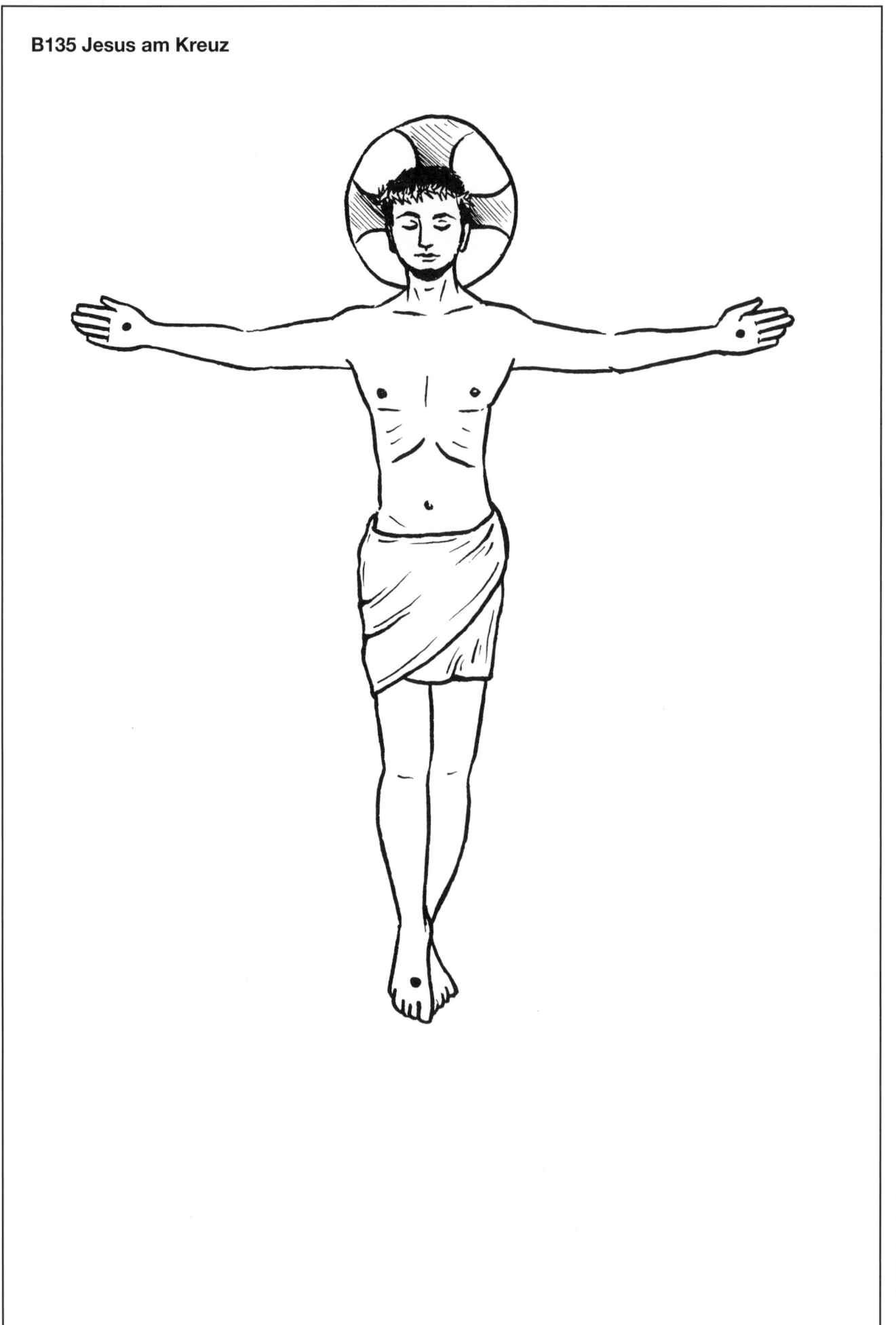

B136 drei Frauen

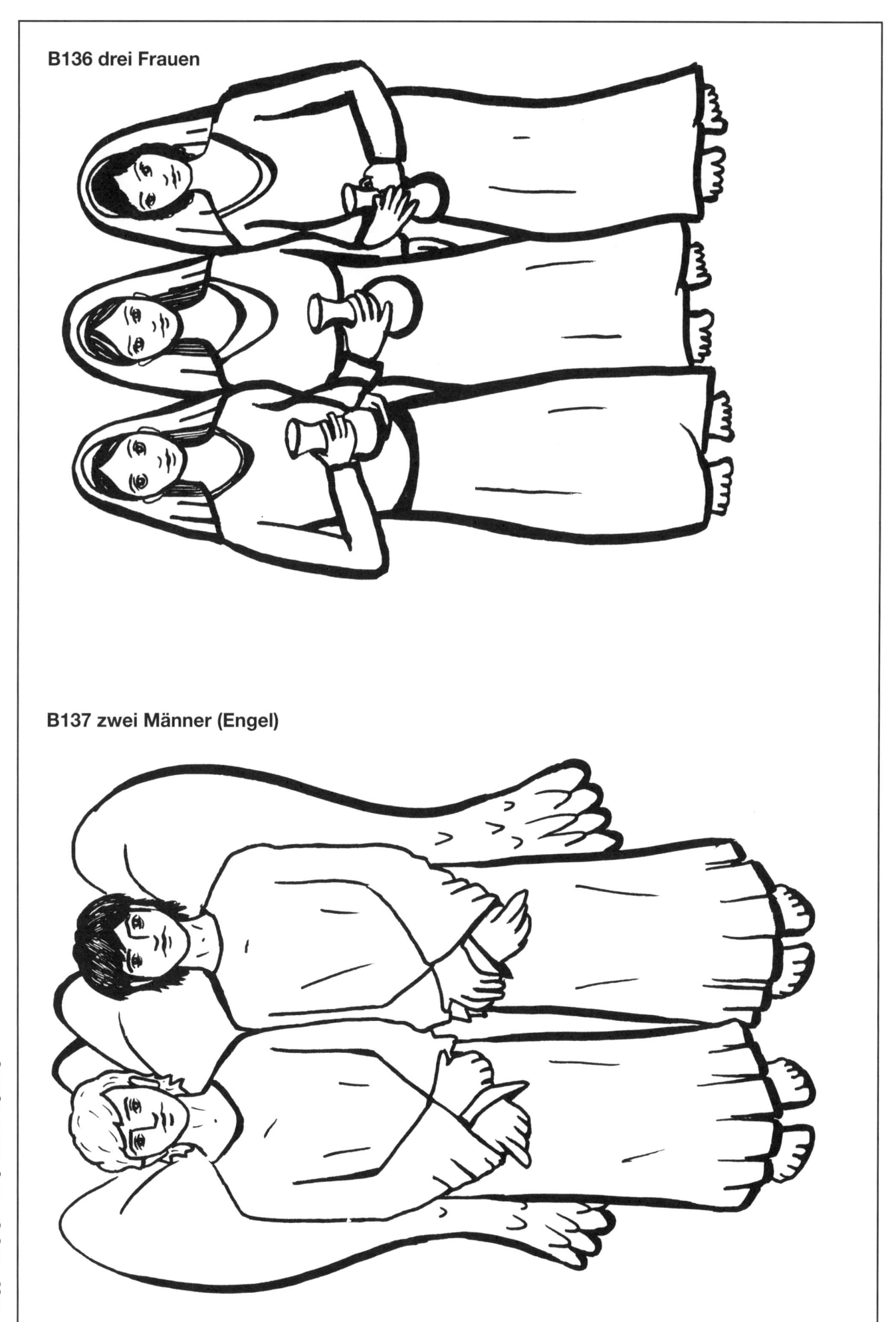

B137 zwei Männer (Engel)

B138 die Elf (Jünger)

B139 auferstandener Jesus

B140 Tisch

B141 Jünger

B142 Brot

B143 Feuerflamme

B143 Feuerflamme

B143 Feuerflamme

B144 Sturm

B145 Sturm

B146 Gott

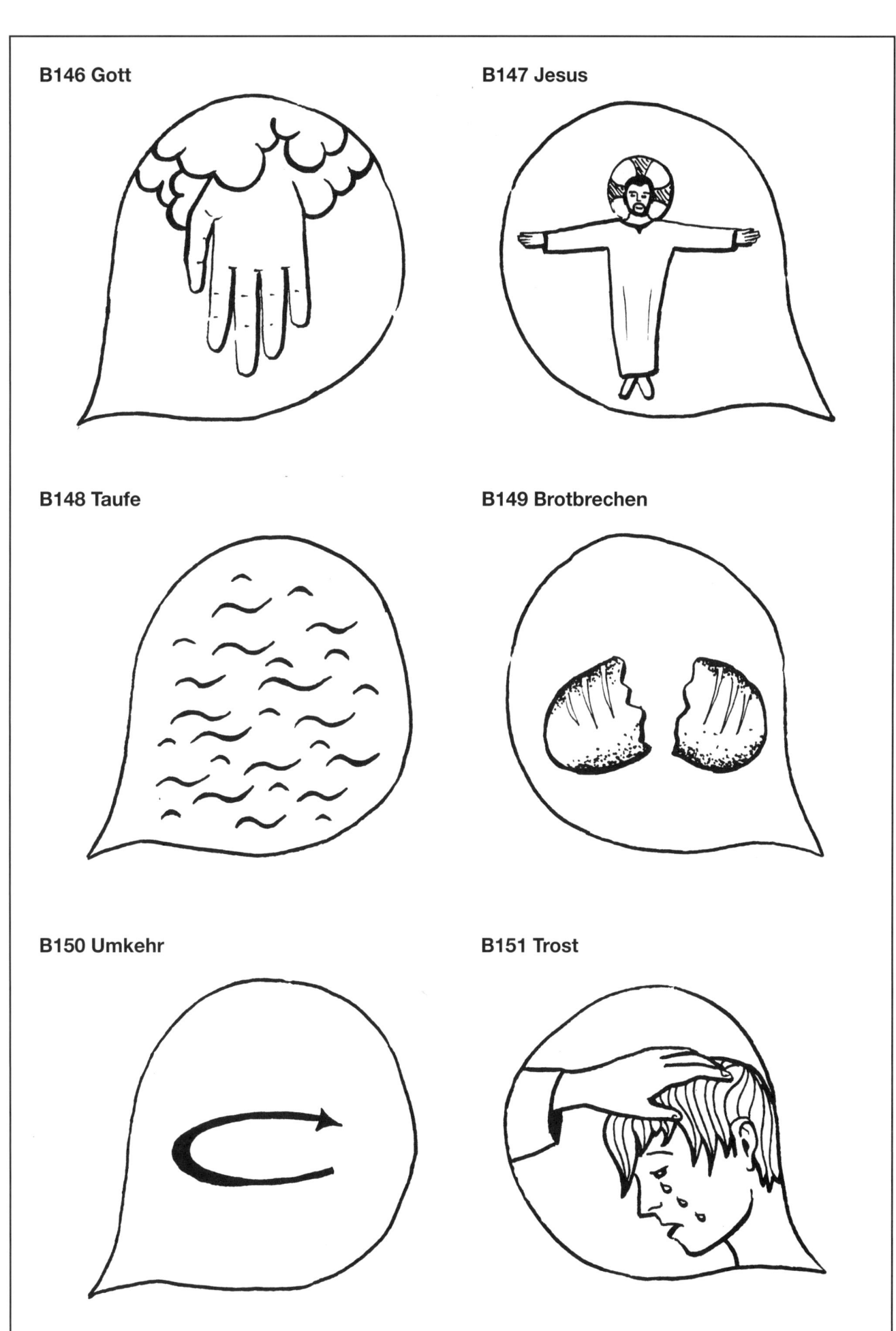

B147 Jesus

B148 Taufe

B149 Brotbrechen

B150 Umkehr

B151 Trost

B152 Pfarrer

B153 Bischof

B154 Papst

B155 Schwester

Georg Schädle: Jesus begegnen
© Brigg Pädagogik Verlag GmbH, Augsburg

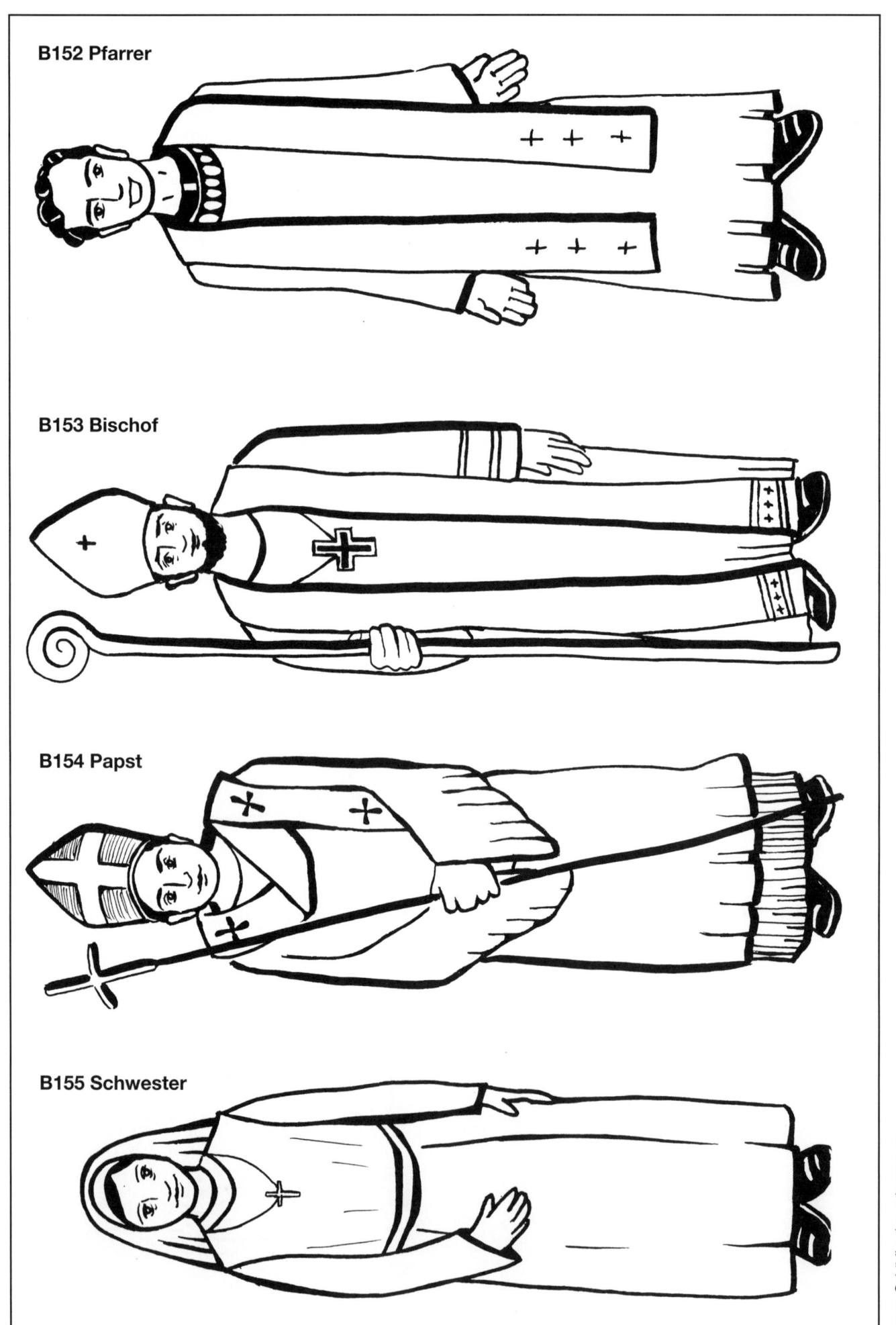

B156 Lehrer/in

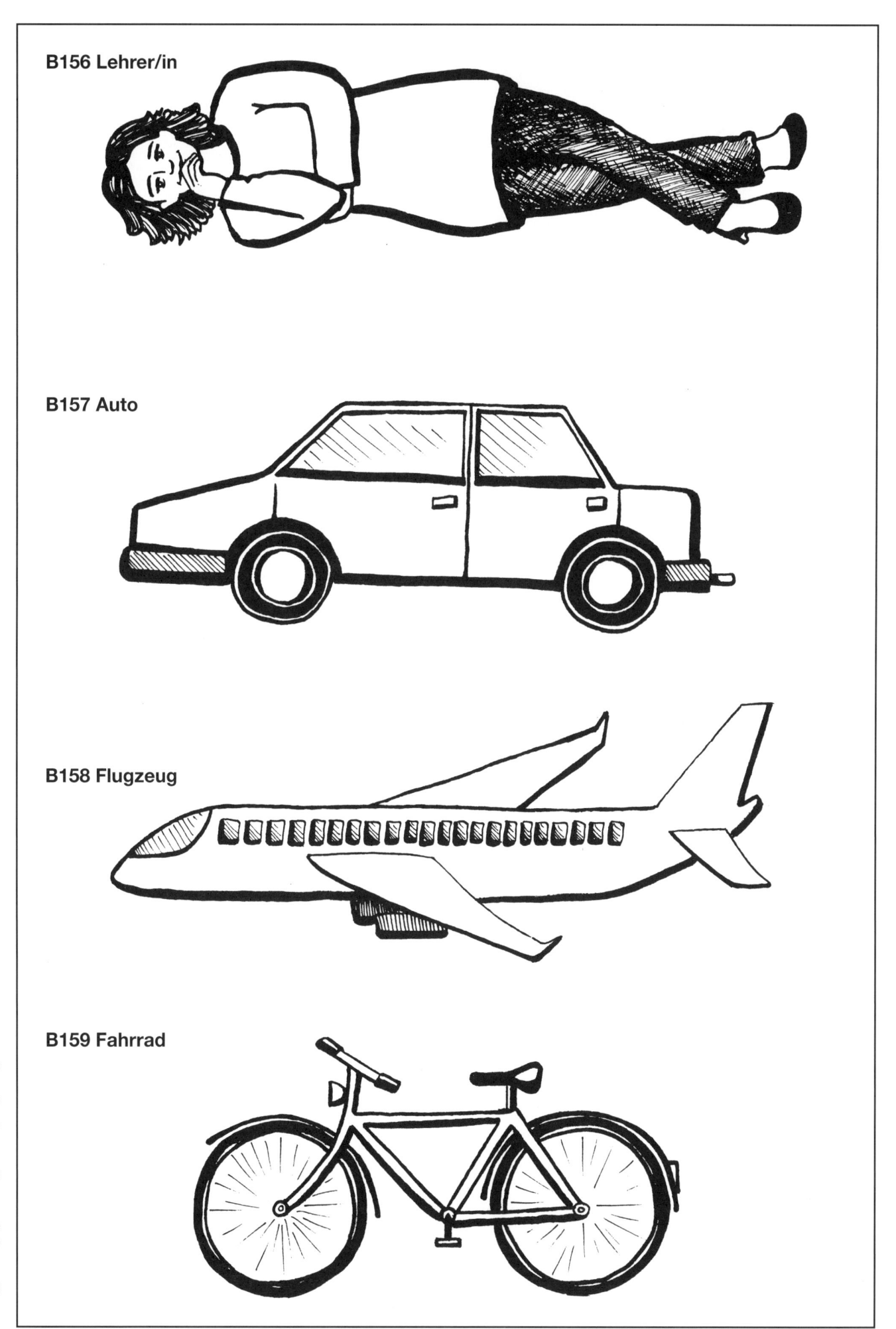

B157 Auto

B158 Flugzeug

B159 Fahrrad

Sonstige Materialien (Arbeitsblätter, Plakatentwurf, Test, Musterseiten)

M0 Titelblatt

Jesus begegnen

M1 Die Heilige Woche   **M2 Die Osterkerze**

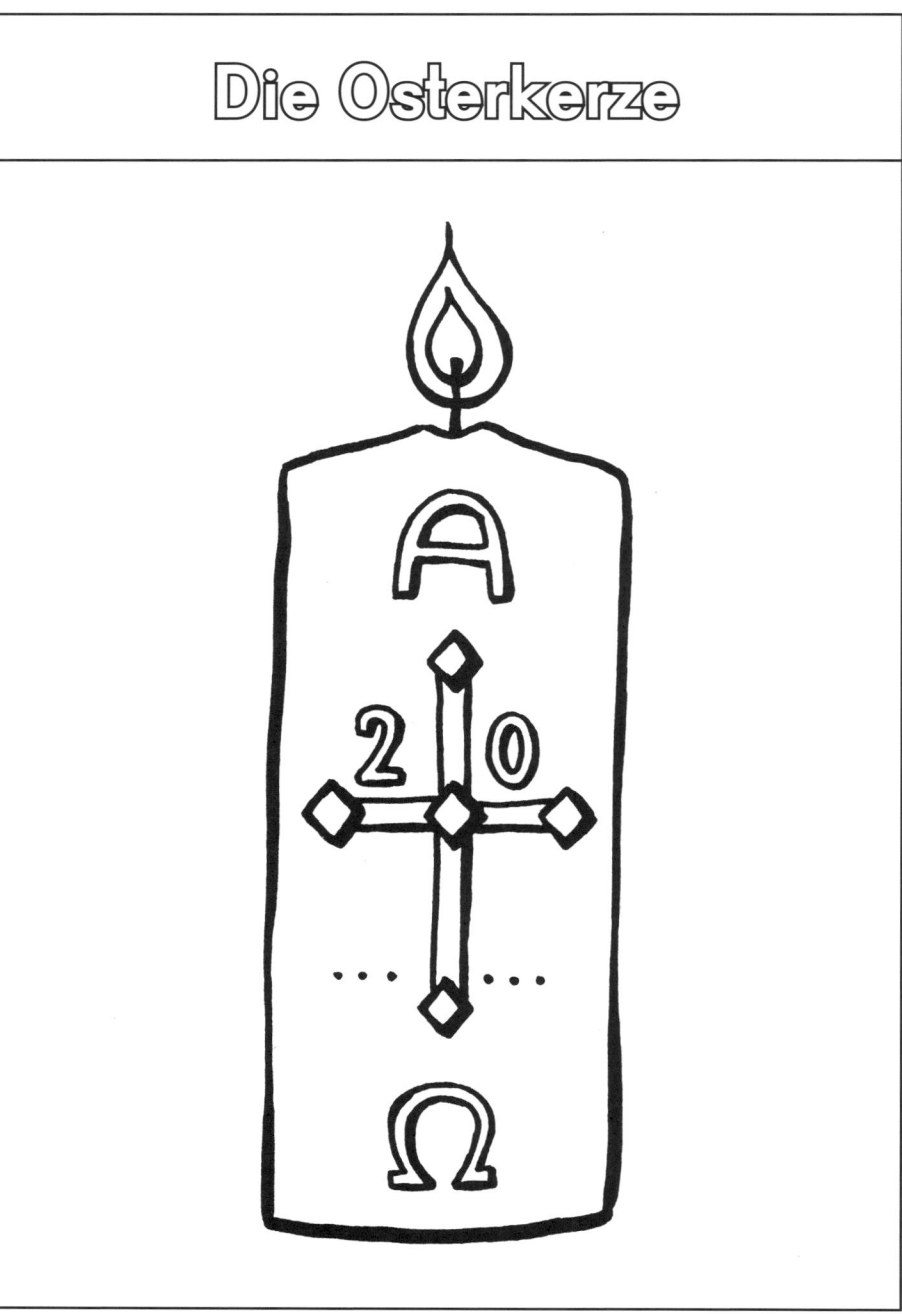

Die Heilige Woche

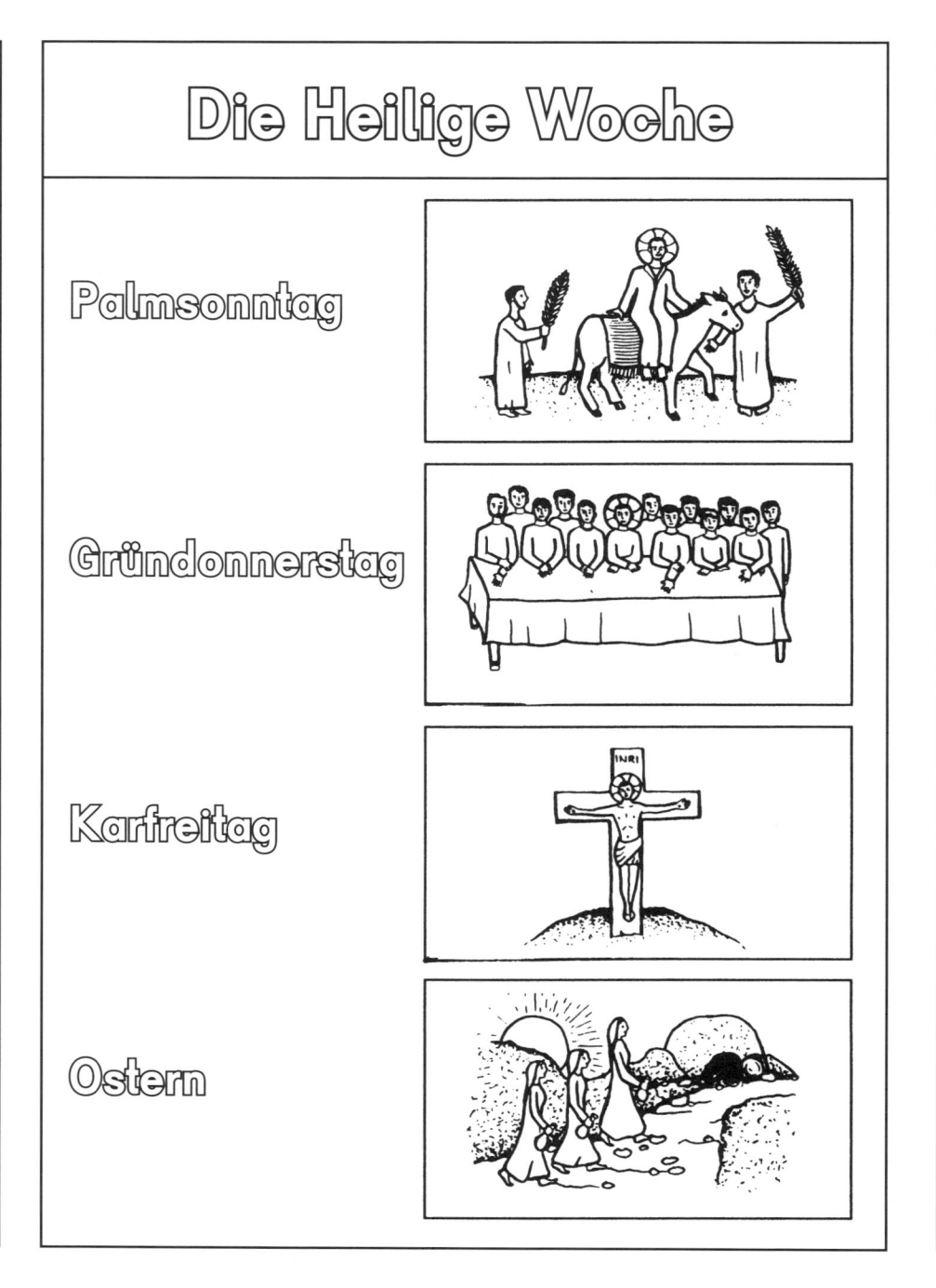

- Palmsonntag
- Gründonnerstag
- Karfreitag
- Ostern

Die Osterkerze

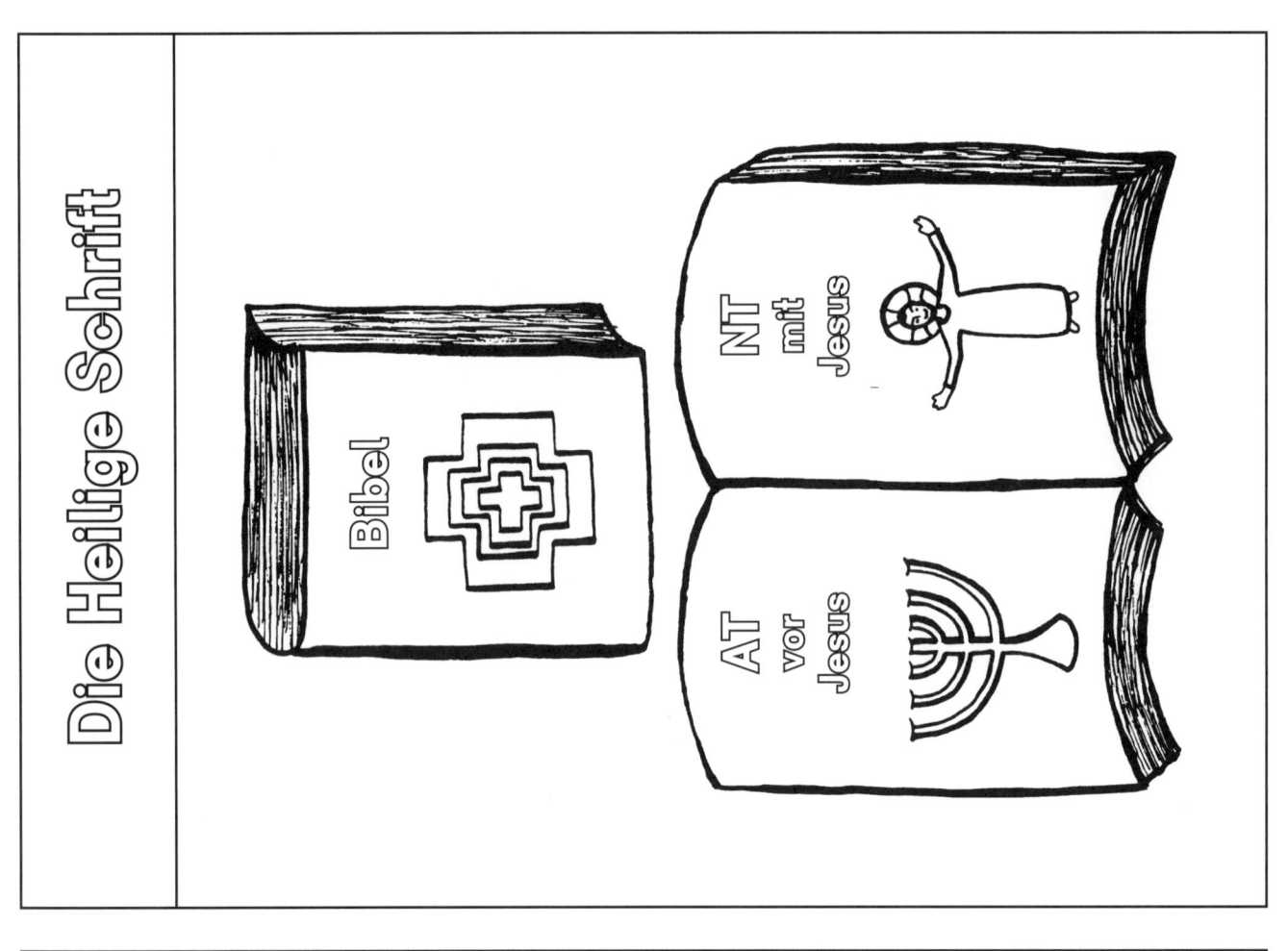

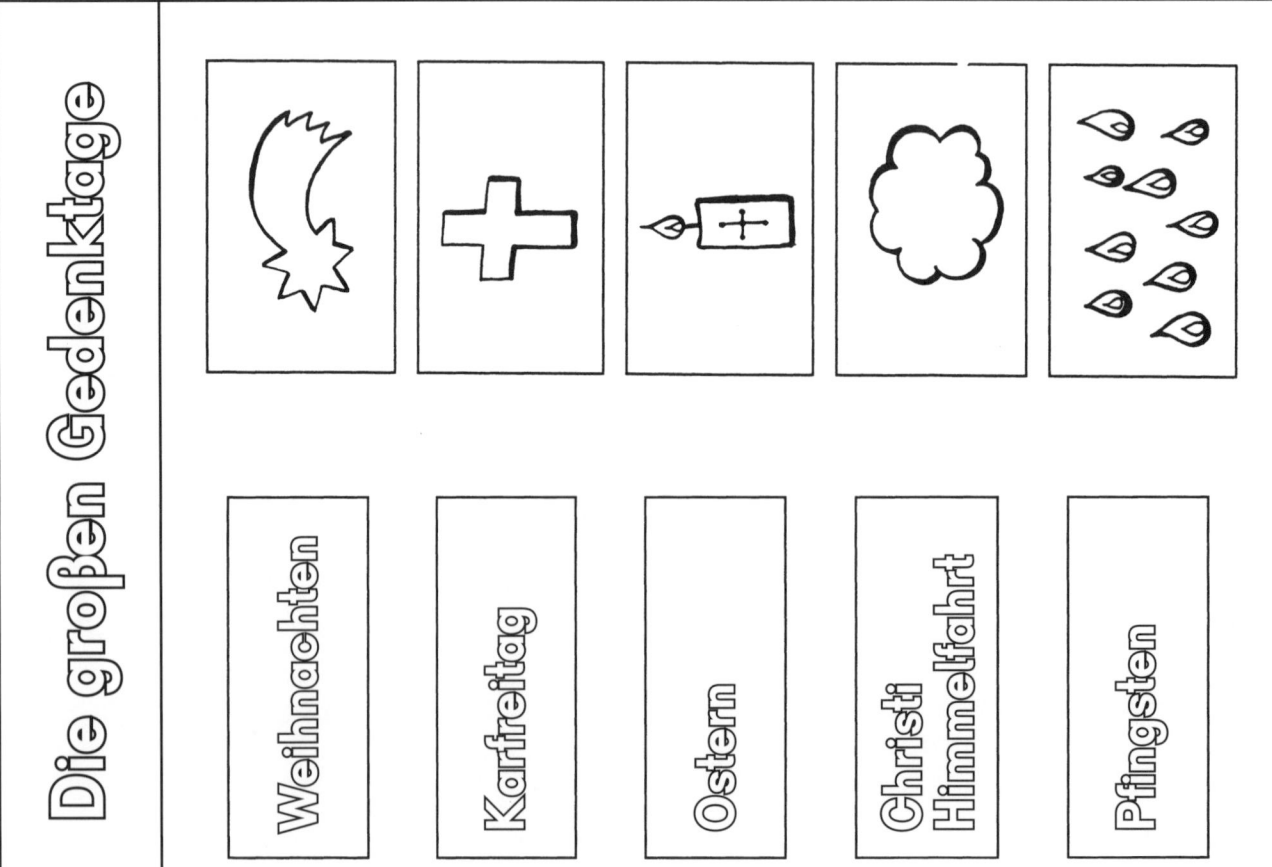

M3 Die Heilige Schrift | **M4** Die großen Gedenktage

Die Heilige Schrift

- Bibel
- AT vor Jesus
- NT mit Jesus

Die großen Gedenktage

- Weihnachten
- Karfreitag
- Ostern
- Christi Himmelfahrt
- Pfingsten

Georg Schädle: Jesus begegnen
© Brigg Pädagogik Verlag GmbH, Augsburg

M5 Jesusplakat (Skizze): Jesu Weg von Nazaret nach Jerusalem

M6 Das Heilige Land   **M7 Jesus lebte vor … Jahren**

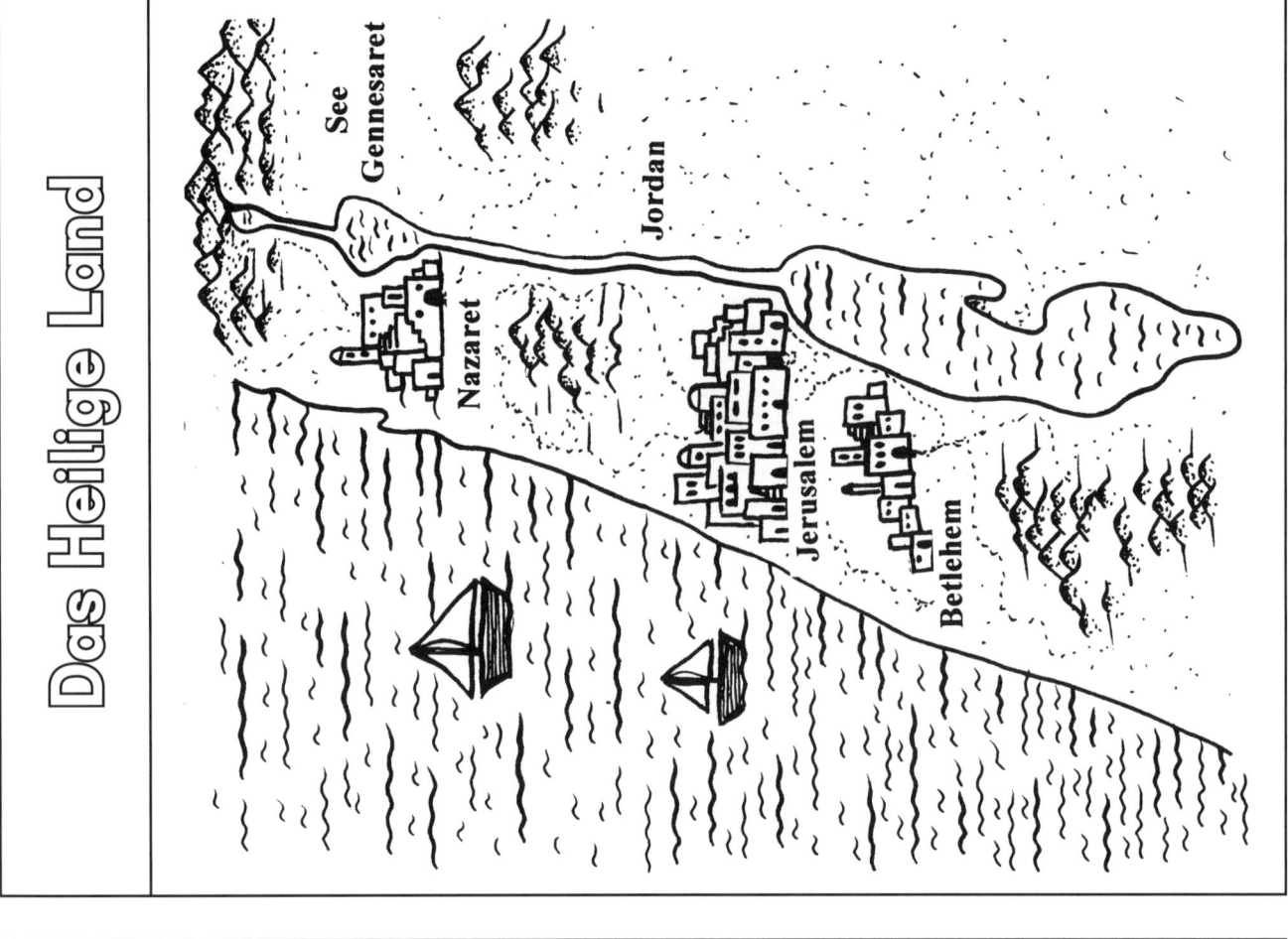

Das Heilige Land

- See Gennesaret
- Jordan
- Nazaret
- Jerusalem
- Betlehem

Jesus lebte vor ungefähr 2000 Jahren.
Damals war vieles anders.

Ein Haus zur Zeit Jesu

Werkzeuge und Arbeiten zur Zeit Jesu

Georg Schädle: Jesus begegnen
© Brigg Pädagogik Verlag GmbH, Augsburg

M8 Test zum Jesuskurs

Test zum Jesuskurs Kreuze an, was richtig ist! Name: _____

1. Wo kommt Jesus zur Welt?	○ Betlehem ○ Nazaret
2. Wo steht der Tempel?	○ in Jerusalem ○ in Jericho
3. Wer tauft Jesus?	○ Bartimäus ○ Johannes
4. Wie lange fastet Jesus in der Wüste?	○ 30 Tage ○ 40 Tage
5. Wie viele Jünger folgen Jesus?	○ 12 ○ 10
6. Wie heißen die ersten Jünger?	○ Simon und Andreas ○ Thomas und Matthias
7. Wo war die Hochzeit?	○ Betlehem ○ Kana
8. Wie hieß der Blinde?	○ Bartholomäus ○ Bartimäus
9. Zu wem geht Jesus zum Essen?	○ Zachäus ○ Timäus
10. Womit zog Jesus in Jerusalem ein?	○ Esel ○ Pferd
11. Wo treibt Jesus die Händler fort?	○ Synagoge ○ Tempel
12. Wie nennt man das Abschiedsmahl Jesu?	○ Letztes Jüngermahl ○ Letztes Abendmahl
13. An welchem Tag denkt man an die Kreuzigung?	○ Karfreitag ○ Gründonnerstag
14. Wer sagt den Frauen, dass Jesus lebt?	○ die Engel ○ die Jünger
15. Wohin gehen die beiden enttäuschten Jünger?	○ Jerusalem ○ Emmaus
16. Wohin geht Jesus nach der Auferstehung?	○ zu seiner Mutter in den Himmel ○ zu seinem Vater in den Himmel
17. Wie kommt der Heilige Geist zu den Jüngern?	○ wie Feuerflammen ○ wie eine Taube
18. Woran erinnern sich die Christen an Pfingsten?	○ Der Heilige Geist kommt. ○ Jesus ist auferstanden.

Viel Erfolg!   **Von 18 möglichen Punkten hast du _____ erreicht.**

M9 Urkunde   **M10 Einem Freund zuliebe**

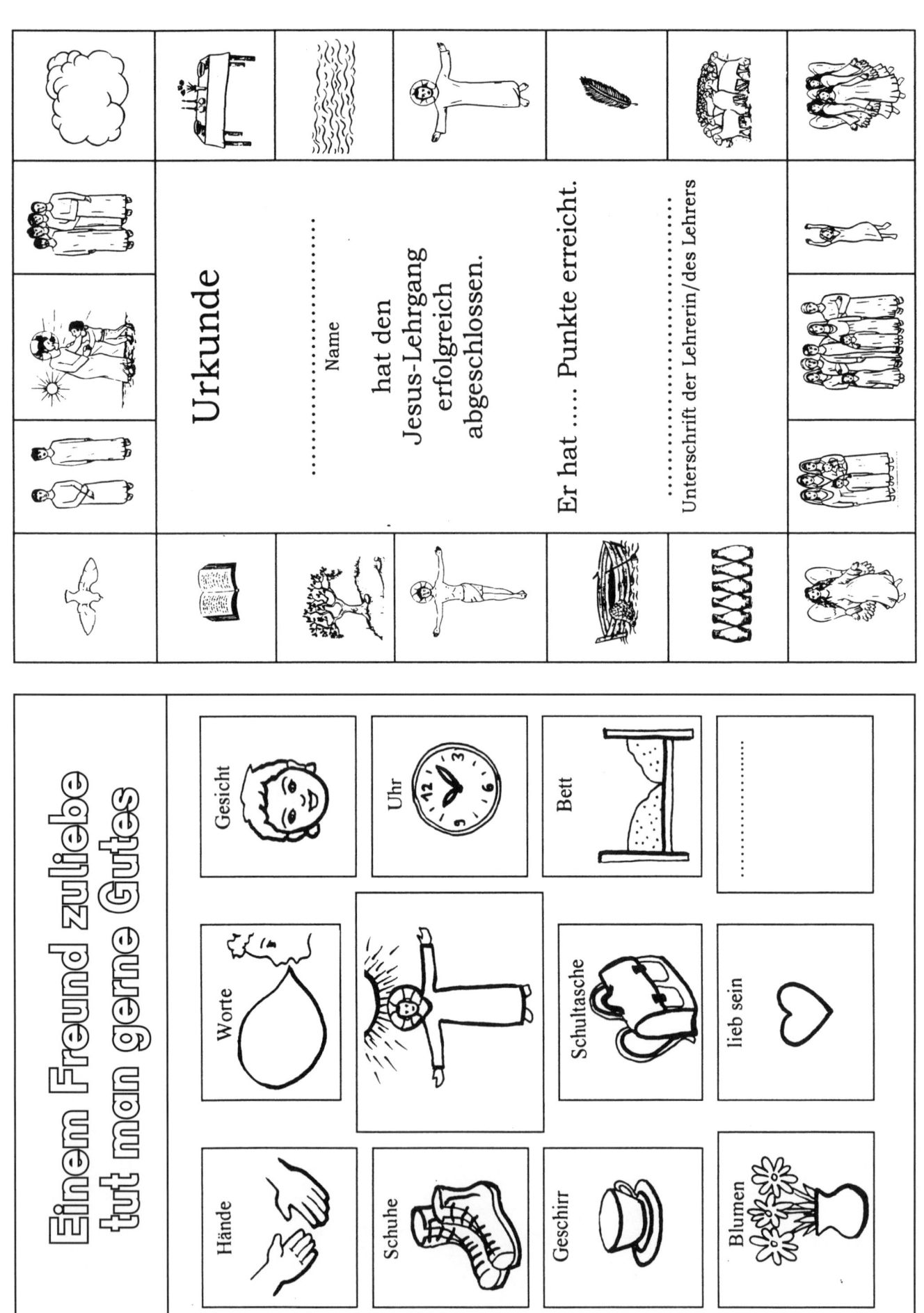

Urkunde

....
Name

hat den Jesus-Lehrgang erfolgreich abgeschlossen.

Er hat ..... Punkte erreicht.

....
Unterschrift der Lehrerin/des Lehrers

Einem Freund zuliebe tut man gerne Gutes

- Gesicht
- Uhr
- Bett
- ....
- Worte
- Schultasche
- lieb sein
- Hände
- Schuhe
- Geschirr
- Blumen

Georg Schädle: Jesus begegnen
© Brigg Pädagogik Verlag GmbH, Augsburg

M11 Jesusbild   **M12 Bild vom Engel**   **M13 Bild von Maria**

Musterhefteinträge: M14 Arm und klein … M15 Folgt mir nach …

Arm und klein kommt er zur Welt im Stall von Betlehem.

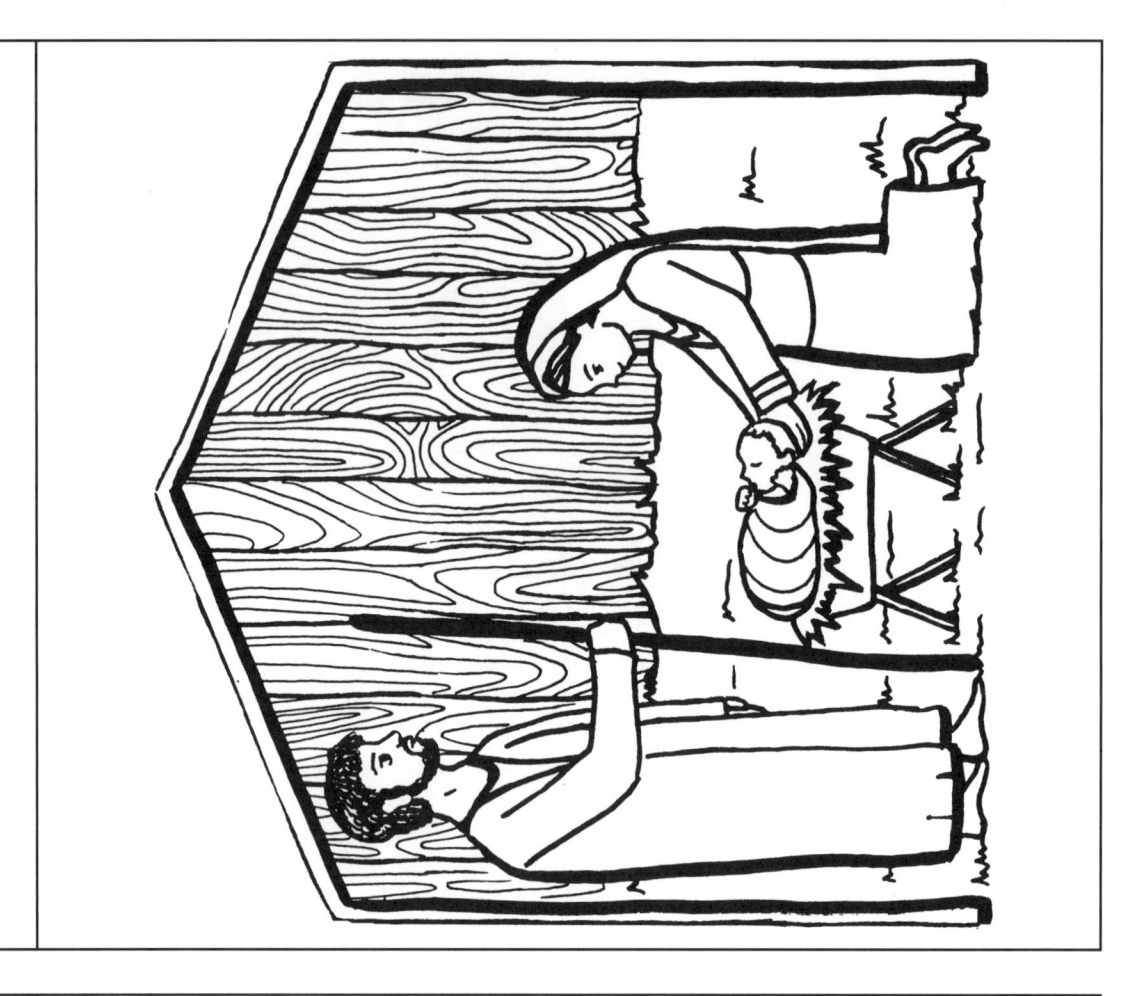

Folgt mir nach, ruft Jesus laut. Zwölf Jünger folgen ihm.

Georg Schädle: Jesus begegnen
© Brigg Pädagogik Verlag GmbH, Augsburg

M16 Bei einem Zöllner ...   **M17** Jesus trägt das ...

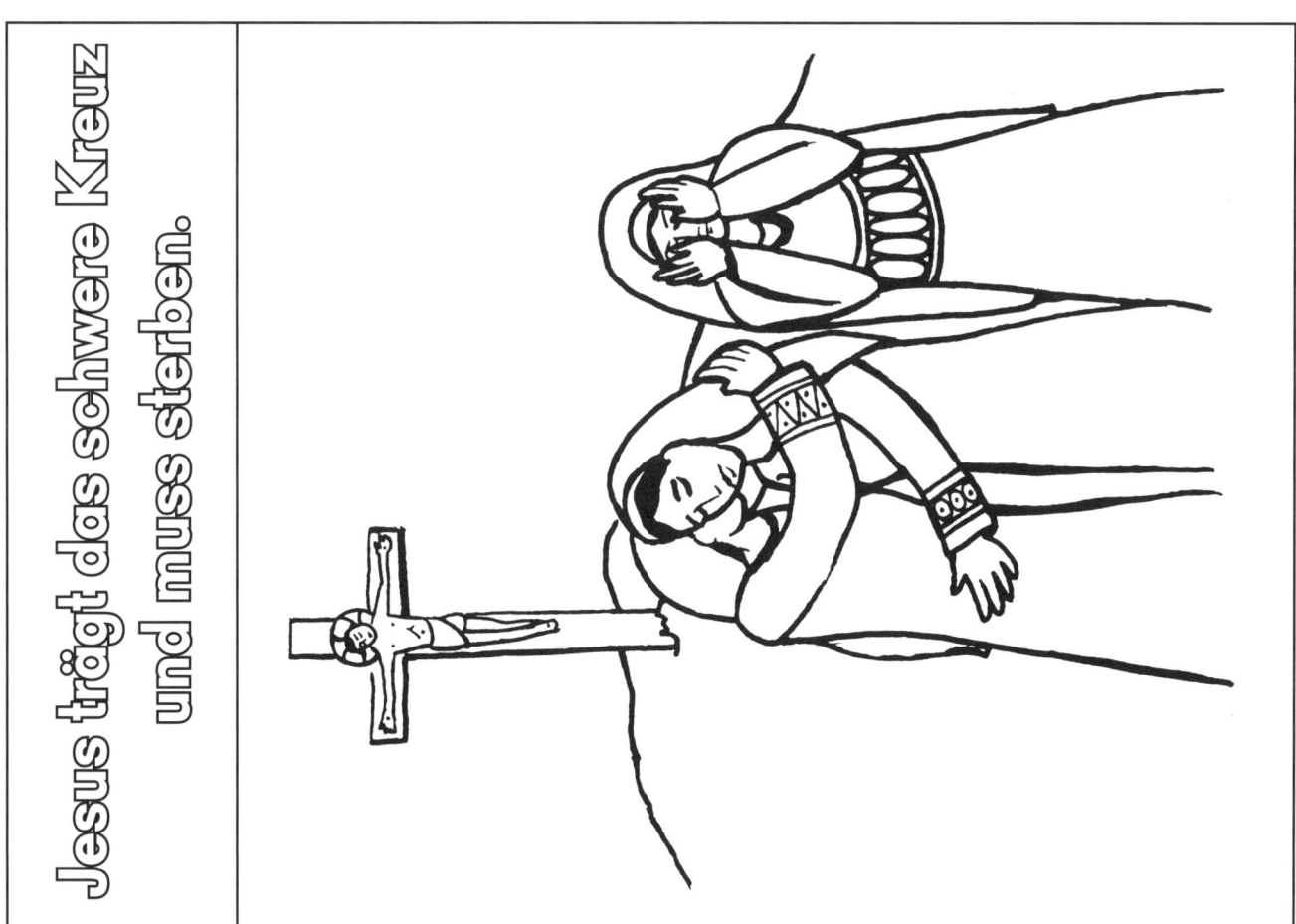

Bei einem Zöllner kehrt er ein, und er isst mit ihm.

Jesus trägt das schwere Kreuz und muss sterben.

Jesus-Lied (alle Strophen)

Es war der Wunsch der Kinder, alle Strophen des Jesus-Liedes am Ende des Schuljahres nochmals in der Kirche zu singen und dann die Texte auf einem Blatt mit nach Hause nehmen zu dürfen.

1. Arm und klein kommt er zur Welt im Stall von Betlehem.
2. Die Hirten sehen das Christus-Kind in der Krippe.
3. Die Weisen kommen von weit her mit Geschenken.
4. Mit zwölf Jahren ist er dann bei Gott im Tempel.
5. Jesus kommt zum Jordan hin. Johannes tauft ihn.
6. Vierzig Tage fastet er in der Wüste.
7. Jesus geht von Ort zu Ort und erzählt von Gott.
8. Die Menschen seiner Heimatstadt lehnen Jesus ab.
9. Folgt mir nach, ruft Jesus laut. Zwölf Jünger folgen ihm.
10. Aus dem Wasser wurde Wein, bei der Hochzeit.
11. Bartimäus – der ist blind. Jesus heilt ihn.
12. Er war taub und er war stumm. Jesus erlöst ihn.
13. Gottes Sohn befreite sie von einer bösen Kraft.
14. Aussatz hat der arme Mann, Jesus heilt ihn.
15. Geh und sündige nicht mehr, so will es Jesus.
16. Jesus heilt den lahmen Mann, er kann nun gehen.
17. Bei einem Zöllner kehrt er ein, und er isst mit ihm.
18. Der Hirte trägt das Schäflein heim, das verloren war.
19. Jesus weckt ein Mädchen auf, das schon tot war.
20. Wind und Wellen toben sehr. Er beruhigt sie.
21. Lasst die Kinder zu mir her, ich will sie segnen.
22. Hungrig sitzen viele da. Jesus speist sie.
23. Jesus heilt die lahme Hand an einem Sabbat.
24. Mit dem Esel zieht er ein in Jerusalem.
25. Viele Händler treibt er fort, aus dem Tempel.
26. Mit den Jüngern feiert er das Letzte Abendmahl.
27. Jesus trägt das schwere Kreuz und muss sterben.
28. Jesus lebt, Halleluja, Halleluja.
29. Jesus geht nach Emmaus mit, und er bricht das Brot.
30. Zu seinem Vater kehrt er heim in den Himmel.
31. Seine Kraft, den Heiligen Geist, schickt er den Jüngern.
32. Die Apostel gehen von Ort zu Ort und erzähl'n von Gott.
33. Viele gehen von Ort zu Ort und erzähl'n von Gott.
34. Etwas Gutes tut man gern für seine Freunde.
35. Lieber Jesus, mit dir bleib ich in Verbindung.

Literaturverzeichnis

Hier wird die wichtigste Literatur genannt, auf deren Hintergrund dieser Kurs entstanden ist:

Adam, Gottfried u.a. (Hrsg.) (2007). Bibeldidaktik. Ein Lese- und Studienbuch (2. Aufl.). Berlin.

Deutsche Bischofskonferenz (1979). Meine Schulbibel. Ein Buch für Sieben- bis Zwölfjährige. Kevelaer, Stuttgart, München, Düsseldorf.

Deutsche Bischofskonferenz (2003). Bibel für die Grundschule. Kevelaer, Stuttgart, München, Düsseldorf.

Grabner-Haider, Anton (Hrsg.) (1979). Praktisches Bibellexikon (4. Aufl.). Freiburg i.Br.

Helmke, Andreas (2004). Unterrichtsqualität erfassen, bewerten, verbessern (3. Aufl.). Seelze.

Hilger, Georg / Werner Ritter (2006). Religionsdidaktik Grundschule. Handbuch für die Praxis des evangelischen und katholischen Religionsunterrichts. München.

Hilger, Georg (2006). Biblisches Lernen mit Kindern. In Hilger, Georg / Werner Ritter: Religionsdidaktik Grundschule. Handbuch für die Praxis des evangelischen und katholischen Religionsunterrichts (S. 190-204). München.

Katholische Bibelanstalt Stuttgart (2008). Stuttgarter Neues Testament. Einheitsübersetzung mit Kommentar und Erklärungen (4. Aufl.). Stuttgart.

Kliesch, Klaus (1986). Apostelgeschichte. Stuttgart.

Limbeck, Meinrad (1985). Markus-Evangelium (2. Aufl.). Stuttgart.

Limbeck, Meinrad (1986). Matthäusevangelium. Stuttgart.

Müller, Paul Gerhard (1986). Lukas-Evangelium (2. Aufl.). Stuttgart.

Niehl, Franz Wendel (Hrsg.) (2003). Leben lernen mit der Bibel. Der Textkommentar zu Meine Schulbibel. München

Ort, B., Rendle, L. (Hrsg.) (2001). fragen – suchen – entdecken. Religion in der Grundschule 1. München.

Ort, B., Rendle, L. (Hrsg.) (2002). fragen – suchen – entdecken 1. Arbeitshilfen. München.

Porsch, Felix (1988). Johannes-Evangelium. Stuttgart.

Ratzinger, Josef (Benedikt XVI.) (2007). Jesus von Nazaret. Erster Teil von der Taufe im Jordan bis zur Verklärung. Freiburg i.Br.

Schädle, Georg (2006). Geschichten aus der Bibel I. Materialien zum Grundwissen Religion. Donauwörth.

Schädle, Georg (2006). Geschichten aus der Bibel II. Materialien zum Grundwissen Religion. Donauwörth.

Schädle, Georg (2006). Heilsgeschichte. Materialien zum Grundwissen Religion. Donauwörth.

Schiefer Ferrari, Markus (2002). Jesus-Konzepte von Kindern, Konzepte für Kinder. In Kontakte Heft 1, S. 4–12.

Sekretariat der Deutschen Bischofskonferenz (Hrsg.) (2005). Der Religionsunterricht vor neuen Herausforderungen. Bonn.

Staudigl, Günther (2002). Inhalte des Religionsunterrichts. In Weidmann, Fritz (Hrsg.) Didaktik des Religionsunterrichts (8. mehrfach neu bearb. und erweiterte Auflage) (S. 213-257). Donauwörth.

Theißen, Gerd (2003). Zur Bibel motivieren. Aufgaben, Inhalte und Methoden einer offenen Bibeldidaktik. Gütersloh.

Wellenreuther, Martin (2004). Lehren und Lernen - aber wie? Empirisch-experimentelle Forschung zum Lehren und Lernen. Baltmannsweiler.

BRIGG Pädagogik VERLAG

Der neue Pädagogik-Fachverlag für Lehrer/-innen

Fantasievolle Materialien für Religion und Werteerziehung!

Angelika Paintner

Mit Kindern die Perlen des Glaubens entdecken

Das Wirken Jesu im täglichen Leben deuten und erschließen

76 S., DIN A4, mit Kopiervorlagen
Best.-Nr. 363

Zu jeder der **10 Perlen des Glaubens** finden Sie in diesem Band grundlegende Gedanken und Hintergrundinformationen, Thementexte aus der Literatur, praktische und didaktische Anregungen zum ganzheitlichen, kreativen Umgang für den Unterricht, Raum für eigene Gedanken und Notizen, abschließende Gebetsgedanken und perfekte Arbeitsblätter. Das **enthaltene Perlenbuch im DIN A5 Format**, das für jedes Kind kopiert werden kann, dient als Arbeitsheft und zur Lernkontrolle.

Ursula Heilmeier/Angelika Paintner

Religionsunterricht informativ – kreativ – praktisch und mehr …

Fantasievolle Ideen zu ausgewählten Themen des Rahmenplans katholische Religion in der Grundschule

3./4. Klasse

88 S., DIN A4, mit Kopiervorlagen
Best.-Nr. 419

Die zahlreichen durchdachten und praktischen Gestaltungsideen wecken Fantasie, Neugier, Interesse und Verständnis der Kinder an religiösen Inhalten.
Mit wichtigen Hintergrundinformationen, didaktischen Hinweisen, **detaillierten Vorschlägen zur Unterrichtsgestaltung**, gut aufbereiteten Arbeitsblättern u. v. m.

Elisabeth Nowak

Miteinander Schule leben

Demokratie erleben und Werte erlernen

Ein Praxishandbuch

148 S., DIN A4
Best.-Nr. 380

Das Praxishandbuch nimmt **Demokratie – verstanden als Lebensform und soziale Idee** – als pädagogische Aufgabe in den Blick und gibt Antworten auf folgende Fragen: Wie kann eine nachhaltige Werte-Erziehung an der Schule stattfinden? Wie können Grundschulkinder die für die Entwicklung ihrer Mündigkeit nötigen **Schlüsselkompetenzen** und demokratischen Fähigkeiten erwerben? Mit **motivierenden Anregungen** und **zahlreichen durchdachten Materialien**.

Christa Koppensteiner

Gute Umgangsformen

Übungsbausteine für den Unterricht zur Förderung der Sozialkompetenz

ab Klasse 3

60 S., DIN A4, Kopiervorlagen mit Lösungen
Best.-Nr. 455

Die **fünf Übungsbausteine** tragen im Unterricht erfolgreich dazu bei, die Klassengemeinschaft zu verbessern, das Selbstvertrauen zu stärken, den respektvollen Umgang mit anderen zu üben und zu lernen, positiv zu kommunizieren und Konfliktlösungsstrategien kennenzulernen und anzuwenden. Mit **gut aufbereiteten Arbeitsmaterialien**.

Bestellcoupon

Ja, bitte senden Sie mir/uns mit Rechnung

_____ Expl. Best.-Nr. _____
_____ Expl. Best.-Nr. _____
_____ Expl. Best.-Nr. _____
_____ Expl. Best.-Nr. _____

Meine Anschrift lautet:

Name / Vorname

Straße

PLZ / Ort

E-Mail

Datum/Unterschrift   Telefon (für Rückfragen)

Bitte kopieren und einsenden/faxen an:

**Brigg Pädagogik Verlag GmbH
zu Hd. Herrn Franz-Josef Büchler
Zusamstr. 5
86165 Augsburg**

☐ Ja, bitte schicken Sie mir Ihren Gesamtkatalog zu.

Bequem bestellen per Telefon/Fax:
Tel.: 0821/45 54 94-17
Fax: 0821/45 54 94-19
Online: www.brigg-paedagogik.de